経済の血液はこの「箱」が運んでいる！

# コンテナから読む世界経済

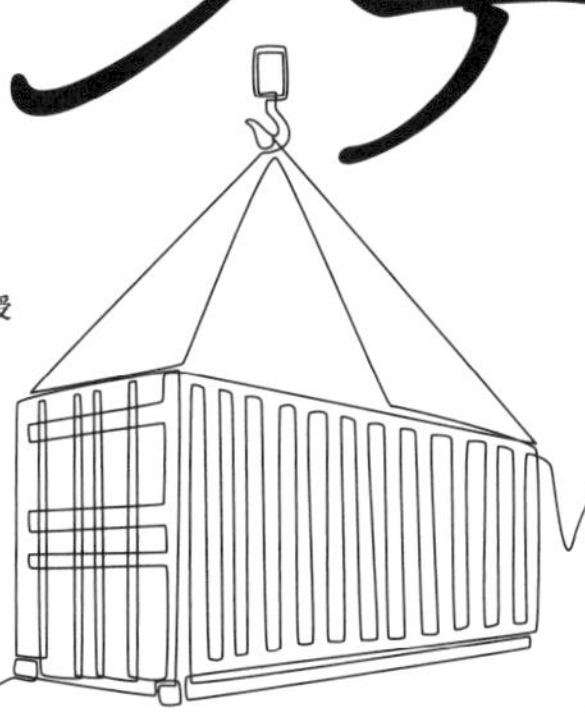

拓殖大学商学部教授
松田琢磨

KADOKAWA

# はじめに——「経済の血液」としてのコンテナ

以前、日本では鉄を「産業のコメ」と呼ぶことがありました。多くの産業において重要な原材料であり、食卓におけるコメのように欠かすことができない性質を持っていることを表しています。今は同様の理由で半導体が「産業のコメ」と呼ばれています。

同じように考えれば、世界中でさまざまな荷物を運ぶコンテナは「経済の血液」、ないしは「赤血球」と言っていいかもしれません。実《じつ》コンテナとして荷物を詰めた箱は動脈をたどって体中にモノを届けていきます。逆に荷物を運んで箱だけが残った空コンテナも静脈を通って[1]多くが輸出国に戻ります。世界では一年に約8億個分（8億TEU）[2]のコンテナが、港で船に積まれたり、船から下ろされたりしているのです。

日本でも、約2000万個分のコンテナが港で積み下ろしされます。運ばれる品物も、銀や銅のように高額な品目から、廃プラスチックや古紙などの廃棄物まで多種多様です。2021年には、日本の輸出入貨物のうち金額ベースで41・8%が海上コンテナ輸送で運ばれました[3]。スーパーで見かける冷凍食品やお酒、ホームセンターにある家財道具や家電、さらにはゲーム機や文房具……例を挙げるときりがありません。近年利用が進むEコマースで購入された貨物の多くも、コンテナ輸送を使って輸入されています。また、海外への引っ越しやイベントでの貨物輸送にも使われており〔4〕、用途はさまざまです。

これだけ利用されているにもかかわらず、海運・物流業界とのつながりが薄い一般の人々がコンテナについて知る機会は極めてまれです。海運・物流業界紙や『日本経済新聞』の商品欄以外でコンテナ輸送の動向が取り上げられることはほとんどありません。

この状況が大きく変わったのは、コロナ禍に入ってからでした。新型コロナウイルスの感染拡大で経済が停滞するとの事前の予想とは逆に、欧米を中心に輸入需要が高まったことがきっかけです。需要が供給を大きく上回ったことで、世界的にコンテナ不足が起こり、多くの品物の輸送が遅れて大きな問題となりました。コンテナ輸送の混乱をきっかけとしたサプライチェーンの寸断や輸送の遅延が起きたことが、コンテナ輸送の大切さを人々に認識させる機会となったのです。

さらに、2021年3月にスエズ運河で発生したエバーギブン号の座礁事故は、輸送遅延やコンテナ運賃の上昇と関連してコンテナ輸送への関心を高めました。テレビや一般紙でも「コンテナ不足」「サプライチェーンの混乱」などの言葉が普通に見られるようになってきました。

この時期と前後して、マルク・レビンソン『コンテナ物語――世界を変えたのは「箱」の発明だった』（村井章子訳、日経BP）の増補改訂版が発売され、業界関係者ではない実業家や評論家がおすすめ本として取り上げたことで、コンテナ輸送システムの革新性が注目を浴びるようになっていました。

本書が執筆された背景には、ここまで書いてきた一般の皆さんの関心の高まりがあります。2022年末には港の混雑もほぼ解消に至り、運賃もコロナ禍前の水準に戻りつつありますが、コンテナに対する関心は以前よりはるかに高まったのではないでしょうか。本書は、コンテナ輸送について予備知識を持たない皆さんを対象に、この金属製の箱が広く普及して、世界の貿易が大きく促進されたこと、今でも世界経済の中で大きな役割を果たしていることを説明していくことを目的にしています。コンテナの動きを通して、世界経済の「大きな流れ」をつかむことができるはずです。まずは次ページに掲載している、コンテナ海運の動きを数字で把握するための表を見るだけでも理解が進むでしょう。

「水と空気とコンテナ輸送」と海運会社の方々の間で言われることがあります。本当に身近な存在は、しばしばその重要性を忘れてしまいがちです。本書を通じて、少しでも多くの皆さんがコンテナ輸送や物流、そして海運に思いを馳せていただければ幸いです。

| | |
|---|---|
| 約6300隻 | **【世界を行き交うコンテナ船の数】**<br>参照：World Counsil“Containers Lost at Sea 2022 Update” |
| 約37km/h<br>（20ノット） | **【コンテナ船の航行スピード】**<br>ばら積み船は約12ノット（時速22キロメートル）。<br>近年は環境対策のため速度が遅くなる傾向 |
| 約2週間 | **【日本から北米西岸までの輸送日数】** |
| 7241ドル | **【アジア（上海）→アメリカ（LA）の運賃】**<br>2022年スポット運賃（40フィートコンテナ）の平均。<br>2019年平均は1848ドル。<br>参照：日本海事センター「北米航路・月別運賃の推移」 |
| 2112万TEU | **【アジア―北米の海上コンテナ輸送量】**（2022年）<br>参照：日本海事センター「北米往航・月別荷動き量の推移」 |
| 約50万ドル | **【運河の通航料】**<br>コンテナ船1回の通行当たり、スエズ運河に約52万ドル、パナマ運河に約53万ドル<br>参照：2018年の日本の海運会社のデータ |
| 約3000個 | **【コンテナが1年間で海に落ちる個数】**<br>2020～21年は年平均で3113個。2008～10年は年平均675個<br>参照：World Counsil“Containers Lost at Sea 2022 Update” |
| 3.6分 | **【コンテナ1個をコンテナ船に積む作業時間】**<br>日本のコンテナ港は荷役が速い港が多く、<br>横浜港ではコンテナ1個の荷役にかかる時間が平均1.1分<br>参照：横浜川崎国際港湾株式会社『2020年コンテナ港湾生産性指数（CPPI）』で横浜港が世界一獲得！ |
| XYZU 123456 7 | **【コンテナ番号の見方】**<br>「XYZ」の部分にオーナーコードが入る（ONEであれば「ONE」、マースクであれば「MSK」）。貨物コンテナを示す「U（unit）」、6桁のシリアルコードが続き、最後の数字はチェックデジット<br>参照：BIC Codes（https://www.bic-code.org/bic-codes/） |

## ざっくりとした数字から見るコンテナ海運

| | |
|---|---|
| 約**6**メートル<br>（20フィート） | **【20フィートコンテナの長さ】**<br>高さ・幅は約2.5メートル。<br>大きい40フィートコンテナは長さが約12メートルになる |
| 約**400**メートル | **【最大船型の長さ】** |
| 約**24000**TEU | **【最大船型の船腹量】**<br>「TEU」は20フィートコンテナを1個とした単位。<br>つまり最大船型は理論値で2万4000個のコンテナが積める |
| 約**1.8億**TEU | **【世界全体のコンテナ貨物輸送量／年】**（2022年）<br>参照：（一財）日本海事広報協会 “SHIPPING NOW 2022-23” |
| 約**8億**個<br>（TEU）分 | **【世界各地港湾でのコンテナ取扱数／年】**<br>参照：国土交通省港湾局「国際コンテナ戦略港湾政策について」 |
| 約**2000万**個<br>（TEU）分 | **【日本の港湾でのコンテナ取扱数／年】**<br>参照：国土交通省港湾局「国際コンテナ戦略港湾政策について」 |
| 約**40**% | **【日本の輸出入貨物のうち海上コンテナ輸送される割合（金額ベース）】**（2021年）<br>なお、重量ベースでは13.5%<br>参照：財務省「貿易統計」 |
| 約**370万**TEU | **【コンテナが造られる個数／年】**（2022年）<br>うち約97%が中国で製造される。<br>ドライコンテナは約340万TEU、冷蔵・冷凍用コンテナは約30万TEU<br>参照：株式会社EFインターナショナル【市況レポート】「中国の大混乱、欧米の経済回復期待、日本の役割」2023年1月 |
| 約**2000**ドル | **【新造コンテナ（20フィート）の値段】**<br>参照：株式会社EFインターナショナル【市況レポート】「中国の大混乱、欧米の経済回復期待、日本の役割」2023年1月 |
| **9**社 | **【世界にある主要コンテナ海運会社の数】** |

目次

第2章

# 経済の血液としての「箱」を理解しよう

## 第3章 海運物流・コンテナ輸送はどう発展していったのか

## 第4章 いま世界で起きている海運問題と、経済活動への影響

## 第5章 「海運の動向」から読み解くこれからのビジネス・経営

## 第6章 今後、「コンテナ船」はどこに向かうのか



ブックデザイン／田村梓（ten-bin）
本文図版作成／Ｉｓｓｈｉｋｉ
本文ＤＴＰ／ニッタプリントサービス

# 序章

# 身近なものの動きから眺めるコンテナ輸送

この章では、みなさんの身近にあるものの動きを通して、コンテナ輸送がどのように行われているか、そもそもどうしてコンテナ輸送が利用されているか、を概説してみましょう。

取り上げるのは、納豆の原料となる「大豆」です。

大豆は東アジア原産であり、20世紀初めごろまでほとんどアジア地域でのみ栽培されていました[1]。欧米諸国でも搾油用や飼料用として栽培が増えたのは、20世紀以降のことです。現在では米国やブラジル[2]が主要な生産国で、原産地側の日本や中国は輸入国となっています。国産大豆よりも輸入大豆のほうが生産量も多く、価格も低いため、**納豆用大豆は多くが北米からコンテナで輸入されています**。

まず、生産量から見ていきます。【表1】は日本における大豆の需給状況を示しています。2020年における大豆の国内需要量は350万トンで、うち納豆や醤油、味噌に使われる分（食品用）への需要は105万トンです。しかし、国産大豆[3]の生産量は21万トンにとどまり、需要に対する国産比率は20%にすぎません。しかも、納豆の消費量は近年増加傾向にあります。『日本食糧新聞』の記事によると、2021年時点で1世帯当たりの納豆への消費金額は4396円で10年前に比べて約1000円増加[4]し、大豆使用量も約5万トン増えています[5]。

| | 需要量 | うち食品用 | うち国産 | 自給率 | 食品用に対する国産比率 |
|---|---|---|---|---|---|
| 2015 | 3,380,000 | 959,000 | 237,000 | 7.0% | 24.7% |
| 2016 | 3,424,000 | 975,000 | 231,000 | 6.7% | 23.7% |
| 2017 | 3,573,000 | 988,000 | 245,000 | 6.9% | 24.8% |
| 2018 | 3,567,000 | 1,018,000 | 203,000 | 5.7% | 19.9% |
| 2019 | 3,683,000 | 1,030,000 | 210,000 | 5.7% | 20.4% |
| 2020 | 3,498,000 | 1,053,000 | 211,000 | 6.0% | 20.0% |

表1：日本における大豆の需給状況（単位：トン）
出典：農林水産省ウェブサイト

需要と供給の差を埋めるべく、日本向けの納豆用輸入大豆のほとんど、2020年では90％に当たる75・8万トンがコンテナで輸送されています。

価格の低さも輸入大豆の優位点です。2021年における国産大豆の価格は1キログラム当たり188・3円（農林水産省ウェブサイトより）ですが、輸入大豆の価格は89・3円にとどまります。輸入運賃を追加し、国内輸送費用を高めに見積もっても［6］輸入したほうが安くつくのです。たとえば、輸入運賃をコンテナ1箱当たり1000ドル追加し、陸上輸送費用を1箱当たり1000ドルと仮定しても、輸入価格は102・8円となり、国産大豆との価格差は大きいままです。

輸入価格差の大きさは商品価格にも反映されています。同じメーカーの納豆であっても国産大豆を使ったものは40グラム×3パック124円[7]で売られていたのに対し、輸入大豆で作ったものは50グラム×3パックで68円でした。2022年8月に実施された拓殖大学のオープンキャンパスで、国産大豆か輸入大豆かを言わず「どちらを買いますか?」と聞いた際には、受講者全員が価格の低い輸入大豆製のものに手を挙げました[8]。

このように**コンテナ輸送は、「供給が十分にあり、価格も低い海外大豆の輸入を促進する」役割を持っている**のです**(貿易の促進については、第3章「海運物流・コンテナ輸送はどう発展していったのか」で詳しく触れます)**。

国際貿易で船を使って大豆を輸送する場合、穀物を運ぶばら積み船[9]での輸送(ばら積み輸送)と、コンテナ船を使うコンテナ輸送とのいずれかを使用します。【図1】は穀物を運ぶ場合の、ばら積み輸送とコンテナ輸送の貨物の流れの簡略図です。

ばら積み輸送では、まず生産地からコンソリデーションセンターと呼ばれる保管施設まで貨物を運びます。次に、内陸輸送業者、鉄道会社、内航輸送業者が、トラック、鉄道、バージ(はしけ)で出発港の岸壁近くにある保管場まで輸送します。大豆や油を搾った後の大豆かす[10]などは、大量保管可能な輸出エレベーターやサイロなどの専用施設で保管

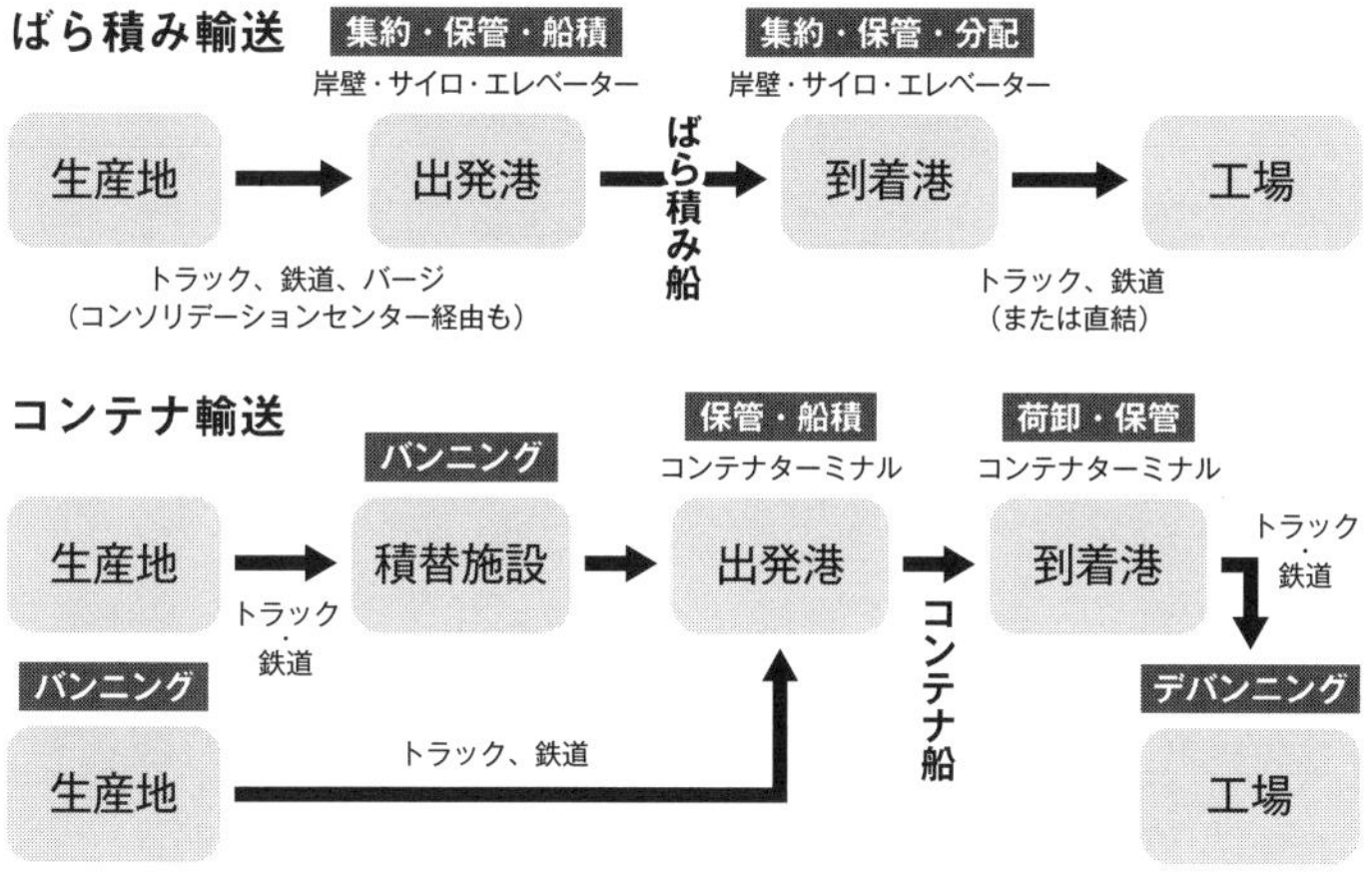


図1：ばら積み輸送とコンテナ輸送の貨物の流れ
出典：松田琢磨・花岡伸也・川崎智也（2018）「バルク輸送とコンテナ輸送の選択に関する意思決定構造の解明」、海運経済研究より著者作成

します。荷役業者が岸壁で荷役を行う際は、船についているクレーン[11]のほか、〝積み〟では陸上のベルトコンベア、〝揚げ〟では陸上のアンローダー（ばら積み貨物を陸揚げする機械）を使用します。貨物は到着港の岸壁や保管施設でトラックや鉄道に載せられ、内陸輸送業者が最終目的地へ運びます。最終目的地とエレベーターやサイロが直結していることも多いです。

一方、コンテナ輸送では、生産者が工場や生産地でコンテナ詰め（バンニングといいます）するか、積替施設まで貨物を運んで送荷主がバンニングします。イリノイ州など米国中部産穀物の場合、鉄道でカリフォルニア州の積替施設まで運んでから貨物をバンニングすることもあります【写真1】。コンテナ船で運ばれた貨物は、最終目的地で荷物が取り出されます（デバンニングと言います）。

ばら積み輸送は同一品目を大量に運べるため、大規模市場への供給に適しています。しかも、ばら積み船の輸送運賃はコンテナ船の数分の一です。約20ノット（時速37キロメートル）で航行するコンテナ船に比べ、約12ノット（時速22キロメートル）程度で運航され、たしかに速度には差があります。しかし北米西岸から日本への輸送は、ばら積み船でも約2週間で着き、海上輸送にしては距離が長くないため輸送日数の差はそれほど大きくなりません[12]。

加えて、到着港からの輸送日数はばら積み輸送のほうが短くなります。ばら積み輸送では、港と工場が直結していることが多く、港からの輸送日数はほぼ考慮しなくてよい一方、コンテナ輸送の場合は港から工場までの輸送時間を考慮しなければならないためです。コンテナ船の寄港順や積み替え[13]の状況によっては輸送日数が逆転する場合すらあります（輸送をめぐる問題は、第4章「いま世界で起きている海運問題と、経済活動への影響」と関連しています）。

写真1：ロサンゼルス近郊の貨物積み替え施設　著者撮影

国際物流において、どのような輸送手段をとるかを決める要因には様々なものがあります。輸送による環境への影響や、製品が発売されてから経った期間（ライフサイクル）なども挙げることができます。とはいえ、圧倒的に重要な判断基準は、運賃と（単位当たりの）輸送コスト、そして輸送時間（リードタイムといいます）です。

では納豆用大豆の輸入において、コストが高く、輸送日数でも有利とはいえないコンテナ輸送が選ばれているのはなぜでしょうか（輸送コストなどの問題は、第5章「『海運の動向』から読み解くこれからのビジネス・経営」と関連しています）。

その大きな理由は、日本の消費者が非遺伝子組み換え作物であることを重視しており、日本に向けて輸出される納豆用大豆が非遺伝子組み換えであることです。世界で栽培されている大豆の約75％は遺伝子組み換えですが、それらと混ざることなく非遺伝子組み換えの大豆を輸送する必要があるのです。

ばら積み船で大豆を運ぶには少なくとも数千トン、数万トン単位の量を必要とします。そのため、出発港にたどり着くまでに、別々の農場で生産された大豆が一緒にまとめられることが一般的です。ところが非遺伝子組み換え大豆の生産量は少ないため、一度に数千トン単位で用意することは簡単ではありません。用意できたとしても、一年を通して世界中を動くばら積み船を非遺伝子組み換え大豆専用にすることは難しいのです。専用船にしようと思えば、年に10往復程度は行える量の取引が必要になります。したがって、状況に応じて遺伝子組み換え大豆輸送と併用しなければなりません。この場合、前に運んでいた大豆が混入するリスクを防ぐために徹底した清掃が必要になるなど、輸送にかかる手間も大きくなり、それだけ輸送コストも高くつきます。

一方、コンテナ輸送であれば、約20トンずつ一箱単位で運ぶことができます[14]。さらに、バンニングしたあとは、ドアに封印がなされて最終目的地までほかの貨物と混じりません。したがって、非遺伝子組み換え大豆のように、生産地や品種を指定したIdentity Preserve（分別生産）貨物の輸送に適しています。これが納豆用大豆の輸送にコンテナ輸送が用いられている大きな理由となっているのです（輸送手段の特性は、第2章「経済の血液としての『箱』を理解しよう」と関連しています）。

これまでの話をまとめると、以下のようになります。

①原料を安価かつ安定的に供給するため、輸入大豆を使用する
②非遺伝子組み換え大豆を運ぶため、コンテナを利用する

納豆用大豆は「安価に」「箱単位で」運ぶ必要があるためにコンテナが利用されているわけです。同じように、身近にある様々な品物を輸入するためにコンテナ輸送は用いられていますし、工業製品の輸出にも用いられています。以下の章では、それぞれのテーマに沿って、コンテナと経済の関係を解説していくこととします。

# 第1章

# 「コンテナの動き」で、なぜ世界経済が読めるのか

# コンテナ輸送ネットワークが広げる世界経済

## 生産拠点の分散とグローバルサプライチェーン

日本のように海に囲まれた島国だけではなく、世界の多くの国々において、安価に大量の貨物を輸送できる船舶を利用した海上輸送が物流の中心を担っています。そしてこの物流（海上輸送による国際貿易）は、世界経済と一体的に発展を続けてきました。

1990年から2018年まで、世界全体のGDPは3・6倍に増大しました。これと歩調を合わせて海上輸送量（重量ベース）も42・9億トンから118・9億トンと2・8倍に伸長しているのです。

ノーベル経済学賞を受賞したポール・クルーグマンは、コンテナ輸送が国際貿易に与えた影響は大きく、世界を変えたテクノロジーであると評価して、「世界を変えたテクノロジーについて考えるとき、インターネットのようなものを考えてしまう。しかし、何が世界の貿易に起こったかを考えれば、コンテナが大きな変革をもたらしたことに気付く」［1］とコメントしています。

経営学者ピーター・ドラッカーも、コンテナが存在しなければ、1960年代以降のすさまじい貿易の拡大は起こらなかったかもしれない、とその存在を大きく評価しています。コンテナによる国際貿易の発展は、サプライチェーンの世界的な拡大をもたらし、グローバリゼーションを大きく進めることにつながったのです。海上輸送量に占めるコンテナ輸送の比率は80年代には5%に満たなかったものが、2017年には15・7%まで大きくなっています。

コンテナ化による具体的なグローバル化への貢献は、**コンテナ輸送ネットワークの広がりが「生産拠点の分散」や「グローバルサプライチェーンの確立」を促す**ことによって生まれました。たとえば東南アジアで加工された部品を中国に送り、そこで組み立てた製品を日本や欧米に輸出する分業体制を広域で展開するには、コンテナ化を前提とした輸送システムが存在しなければ難しかったでしょう。『コンテナ物語』の著者であるマルク・レビンソンは、コンテナ化が日本企業による輸出やアジアにおける生産活動に与えた影響について、以下のように言及しています。

コンテナ化は日本を輸出大国にした。日本の先進的な工業製品がヨーロッパやアジアの市場に浸透した後には、（日本企業による）海外への投資も増えていった。従来は内向き傾向だった日本企業も、１９７８年には米国への投資が10年前の10倍まで伸びた。台湾や韓国までの輸送が乱れることもなくなったため、これら地域の工場で、日本製部品をラジオや目覚まし時計に組み立て、他の発展途上国において低価格で販売するようになった。（中略）１９８０年には、日本を除くアジアから（米国へ）の輸出量は70年代初めに比べて11倍、（米国から）アジアへの輸入量もほぼ同じくらいにまで拡大した。国外工場での組み立てを通じた国際的な製品供給のラインが形成され、グローバリゼーションはまったく新しい段階へと進んだ。[2]（著者訳）

コンテナ輸送については、「荷物を箱に入れて運ぶだけではないか」と思われるかもしれません。しかし、現在の世界的な生産体制や貿易システムの確立にコンテナ化を欠かすことはできませんでした。製品の供給に伴って生じる、サプライヤー、メーカー、流通業者、小売業者に至るサプライチェーンの高度化は、コンテナ輸送を前提として進んだのです。

## ウォルマートのコンテナ輸入からわかること

ここで、コンテナ輸送と小売業との関係を見てみましょう。米国の『ジャーナル・オブ・コマース』誌は毎年夏に、前年のコンテナ輸出入荷主のランキング【表1-1】を発表していますが、ウォルマートは全米でも最上位の輸入荷主で、2021年で93万TEUもの貨物を輸入しています。販売製品の多くは輸入品が占めているのです。

ウォルマートの価格戦略はEDLP（エブリデイ・ロープライス）と呼ばれ、時期を選んで一部の品目を安くする特売を行わず、常に低価格で商品を販売していることで知られています。EDLP戦略には、在庫や作業の変動を抑えることで人件費を削減できる、特売日を知らせるための広告費を抑えられるなどの利点があります。しかし、この戦略を遂行して利益を拡大するためには、さらにコストを抑え続ける必要があるのです。

この点について、ミズーリ大学のバスカー准教授は、ウォルマートで採用される技術水準の向上が一店舗あたりのコスト削減を、そして店舗数の増加という形での規模の拡大がウォルマート全体のコスト削減を可能にしていると説明しました。また、値下げによって需要量を増やし、さらなる規模の拡大につなげています。

バスカー准教授は、規模の拡大が進むことで、中国や東南アジアからの輸入による利益が生じるようになると述べています。海外からの輸入を行えば、物流コストや関税を含めても製品や部品の単価は削減できますが、輸入を開始するまでに業者選定や契約締結などの作業が必要になり、コストもかかります。このようなコストを考慮すると、輸入する必要のある品物が少なかったり、金額が小さかったりする場合には、輸入を行うことで製品や部品の単価がかえって高くつく可能性があります。一方で規模の拡大が実現することで、一定の輸入量を確保できるようになっていると、一回の契約で購入する製品や部品の数が多くなり、海外の製品や部品の安さというメリットを十二分に享受できるようになるのです。

また、中国や東南アジアから輸入する品物は単価の低い品目であることが多く、単位当たり輸送コストの低いコンテナでの輸送が適しています。こうした背景から、**ウォルマートのコスト削減、売り上げの増大に反映される規模の拡大が、北米往航荷動きの増大につながっている**のです。

ちなみに、【表1-1】では、どのような企業がコンテナ輸送を多く利用しているか、傾向を見ることができます。2021年で多くのコンテナ貨物を輸入していた代表的な業種はウォルマートやターゲット、ホーム・デポをはじめとする大手小売業です。小売以外にもアシュレイファニチャーやイケアなどの家具販売業や、ドールやチキータブランド、デルモンテなど食品関係、サムスンやLG、ハイアールなどの家電販売業も上位となってい

| | 企　業 | TEU |
|---|---|---|
| 1 | ウォルマート | 930,000 |
| 2 | ターゲット | 775,000 |
| 3 | ホーム・デポ | 590,000 |
| 4 | アシュレイファニチャー | 348,672 |
| 5 | ロウズ | 340,000 |
| 6 | ドールフード | 245,454 |
| 7 | サムスン | 236,452 |
| 8 | LGグループ | 217,002 |
| 9 | ダラーツリー | 176,000 |
| 10 | チキータブランド | 162,413 |
| 11 | イケア | 150,751 |
| 12 | ナイキ | 150,000 |
| 13 | 住友商事 | 119,661 |
| 14 | フレッシュデルモンテ・プロデュース | 112,131 |
| 15 | ウィリアムズ・ソノマ | 106,884 |
| 16 | ロス・ストアーズ | 98,300 |
| 17 | GEアプライアンス(ハイアール) | 94,000 |
| 18 | ニューウェル・ブランズ | 80,637 |
| 19 | MSインターナショナル | 78,200 |
| 20 | ダラーゼネラル | 77,336 |
| 21 | ハイネケン | 65,937 |
| 22 | レッドブル | 63,239 |
| 23 | ルームズ・トゥー・ゴー | 58,962 |
| 24 | エレクトロラックス | 57,836 |
| 25 | コールズ | 55,000 |
| 26 | ドレル・インダストリーズ | 54,600 |
| 27 | アンハイザー・ブッシュ・インベブ | 52,064 |
| 28 | トラクターサプライ | 49,200 |
| 29 | 現代自動車 | 47,996 |
| 30 | アマゾン | 47,128 |
| 31 | アットホームプロキュアメント | 46,288 |
| 32 | ベストバイ | 43,808 |
| 33 | 豊田通商 | 43,788 |
| 34 | クボタ | 42,941 |
| 35 | レヨニア・アドバンスト・マテリアルズ | 41,426 |
| 36 | ボブズ・ディスカウント・ファーニチャー | 41,100 |
| 37 | コンチネンタルタイヤ | 40,130 |
| 38 | ハンコックタイヤ | 38,751 |
| 39 | アディダス | 37,131 |
| 40 | ルイドレイファス | 36,323 |
| 41 | ユーロマーケット・デザインズ | 36,122 |
| 42 | ミシュラン | 35,172 |
| 43 | ビッセルホームケア | 35,000 |
| 44 | VFコープ | 35,000 |
| 45 | ゼネラルエレクトリック | 32,982 |
| 46 | コストコホールセール | 31,032 |
| 47 | メルセデス・ベンツ/ダイムラートラックス | 29,603 |
| 48 | リビングスペーシーズ | 29,286 |
| 49 | BMW | 28,940 |
| 50 | 三菱自動車 | 28,300 |

表1-1：2021年における米国の輸入荷主ランキング（単位：TEU）
出典：『ジャーナル・オブ・コマース』

ます。

日系企業では、自動車関連企業が多くみられます。トヨタグループの貨物を取り扱う豊田通商にくわえ、三菱自動車が上位荷主に顔を出しています。ほかにもブリヂストン、トーヨータイヤ、横浜ゴム、スバル、日産自動車やホンダといった名前も100位以内にあります。自動車以外には、クボタ、パナソニック、ブラザーインターナショナルなど建機、家電・複合機関連の企業の名前が上位に入ってきます。

## 「先行指標」としてのコンテナ輸送量

コンテナ輸送は、国際貿易の発生を受けて生じる「派生需要[3]」です。そのため、輸送量は輸入国側の経済状況に大きく影響を受けます。

一方で**コンテナ輸送は、今後生産・販売される製品や経済の先行指標としての側面**を持ちます。これは「コンテナの動きで経済を読む」ときにも大事になってくる話です。

たとえば小売業者やメーカーは、今後の販売見込みから輸出や輸入の計画を立てます。先述したウォルマートのような小売店での新製品の発売をイメージしてもらうとわかりやすいかもしれません。新製品は発売日前に小売店の店頭に並んでいなければならないため、遅くとも数日前には物流センターや卸売業者に届いているはずですし、さらに数週間前には工場で生産されているか、輸入されていなければならないでしょう。そうすると数か月前には部品や材料が調達されていると考えられます。この流れのどこかで、コンテナ輸送が関係してくる可能性がかなり高く、輸送量の動向に現れる、ということです。

前述のようにウォルマートは、販売している品物のかなりの部分を中国や東南アジアからコンテナ貨物の形で輸入しています。ウォルマートでの販売に先んじて輸入が行われるため、**北米往航のコンテナ輸送は、ウォルマートの米国内売上高のデータより早く発生する傾向がみられる**というわけです。

## コンテナ輸送量とGDP、マクロ経済指標[4]

また、コンテナ輸送は国際貿易との関係が深いことから、世界経済の成長とコンテナ輸送の拡大には明確な正の相関関係があることも知られています。【図1-1】に示すように、米ホフストラ大学のジャンポール・ロドリグ教授が世界の実質経済成長率と世界の港湾におけるコンテナ取扱量（港で積み下ろしされたコンテナの数）の関係（TEU／GDP乗数）をまとめています[5]。図を見ながら流れを解説していきましょう。

国際貿易でコンテナ輸送が用いられるようになったのは1960年代ですが、1990年頃まで、GDPの成長1%に対してコンテナ取扱量の伸びは2~2・5%の範囲にとどまっていました。第二次世界大戦後、グローバリゼーションと貿易の自由化は進行していたものの、1970年代初めの時点では、コンテナ化は先進国と一部の途上国にとどまっており、本格的にコンテナ輸送が拡大したのは1980年代になってからのことでした。

1990年代はコンテナ輸送の普及が完了し、世界的なサプライチェーンの構築が始まった時期です。工程間分業やオフショアリングが進んで、企業内貿易でもコンテナ輸送の活用が進みました。1990年代半ばの大幅な円高の進行を受け、多くの日本の製造業企業が生産コストの低下を企図して賃金の低いアジア地域に生産拠点を移す動きを加速させた時期でもあります。この時期、コンテナ海運会社も新しいサービスの提供を開始[6]し、港湾への投資も盛んになりました。先進国だけでなく東南アジアやラテンアメリカでもコンテナ貨物の取り扱いが増えました。その結果、GDP1%の成長に対してコンテナ取扱量が4%以上伸びる関係がみられたのです。

2000年代に入ってからこの関係は急速に強まりました。TEU/GDP乗数は2000年代まで3を超える年が続きました。この時期は中国が年10%に至る高度経済成長を続けており、中国から輸出される家具や家電など労働集約的な製品が大きく伸長。輸

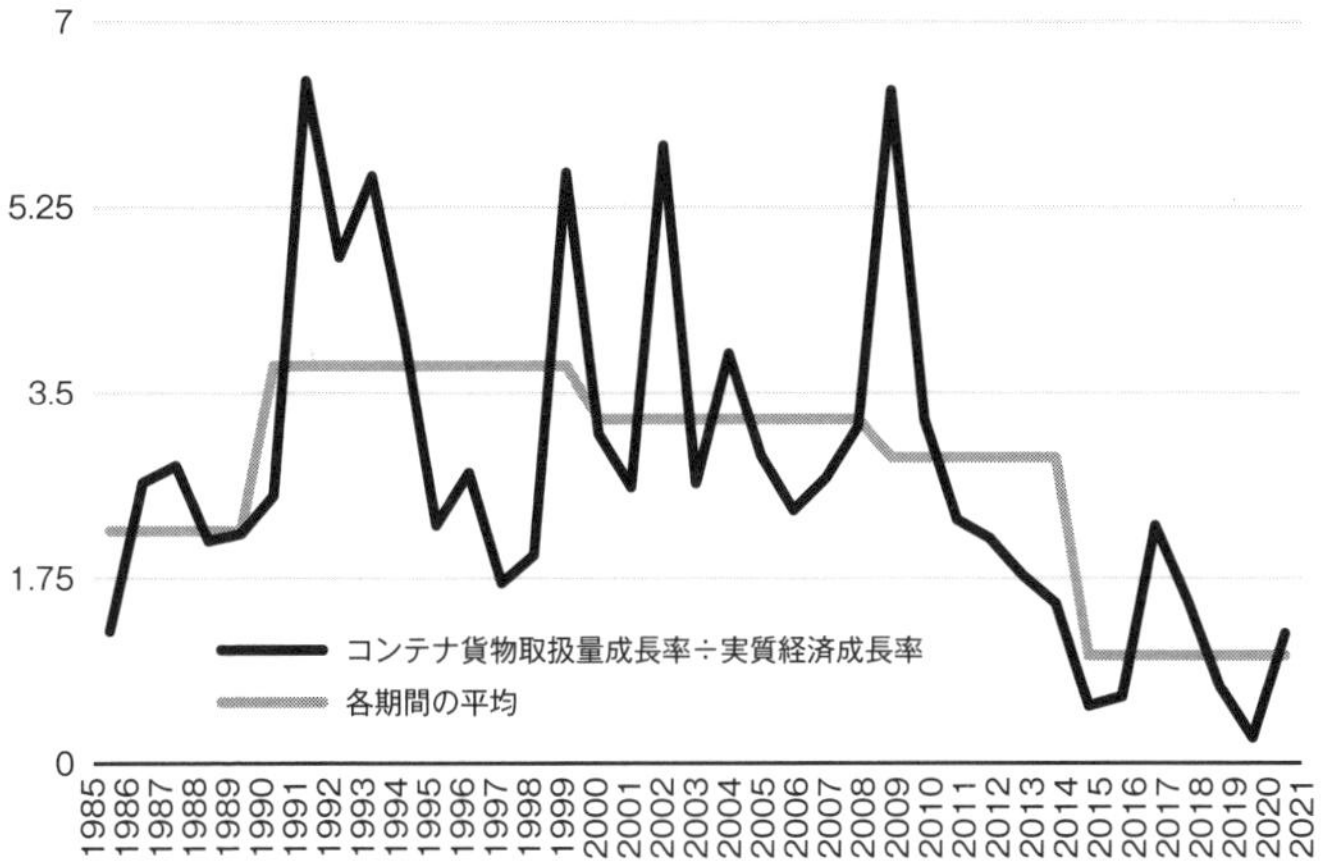


図1-1：世界の実質経済成長率に対する世界のコンテナ取扱量の成長率の倍率
出典：Jean-Paul Rodrigue（2020）“The Geography of Transport Systems”をもとに著者作成

入国である欧米でも経済成長が続いていました。とくに米国は住宅バブルの時期に当たり、住宅投資がさかんでした。住宅投資の高い伸びに加え、良好な雇用・所得環境と住宅価格の上昇などに支えられた消費拡大が、堅調な経済成長の原動力になっていました。

これに合わせて上海《シャンハイ》や天津《テンシン》、深圳《シエンツエン》など中国のコンテナ港湾の取扱量だけでなく、世界の大半の港でコンテナ取扱量が大きく増加しました。この時期、実務者の間では**「コンテナ貨物の量はＧＤＰの成長率の3倍で成長する」と経験則的に語られていました。**

状況が変わったのは２００７年以降のことです。２００７年に米国で住宅バブルが崩壊し、住宅市場に変化が起こります。**2008年にはリーマン・ブラザーズの破綻をきっかけに金融危機が起こったことが、コンテナ輸送にも影響を与えました。**この時期、乗数はだんだん小さくなっていきます。

加えて、コンテナ輸送が国際貿易の手段として成熟してきたことも理由に挙げられるでしょう。コンテナ輸送が完全に普及するまでは、それまで消費財などの輸送を担っていた昔からの船舶（一般貨物船と呼ばれる）からの移行によるコンテナ貨物の増加がありました。しかしながら、この時期になるとコンテナで運ぶことができそうな貨物はすでにコンテナ輸送されている状態となったのです。とくに先進国においてこの傾向は顕著であり、2018年に発表されたコンテナ輸送の未来に関するレポート[7]でも【図1-1】と同様にコンテナ輸送の伸びが鈍化傾向にあることが示されています。

## コンテナ輸送量と景気

コンテナ輸送量のデータと、各経済指標の関係も押さえておきましょう。

コンテナ輸送では、海運会社が船舶をどう配分するかを決めたり、海運会社・物流会社・荷主企業が運賃交渉を行ったりするときの判断材料として、「荷動き需要予測」に高いニーズがあります。そのため、**大手海運会社にはマクロ経済の分析・検証を担当する社**

**員がいますし、さまざまな金融機関やシンクタンク、研究機関が輸送動向の予測を行っています**[8]。これらの予測は海運会社の株価予測にとっても有益な情報となっています。また、公共部門でもインフラ整備や環境対策を策定する上での基礎資料とするため、コンテナ輸送量の予測が行われることがあります。

コンテナ輸送は景気の影響を受けることから、この荷動き需要予測には、輸入国側の景気動向を参考指標として用いることがあります。マクロ経済学の教科書でケインズ型の輸入関数がＧＤＰに依存する形になっているのを覚えている方もいるかもしれません。実際、**コンテナ輸送量が輸入側の実質ＧＤＰと強い相関関係がある**ことはよく知られています。たとえば、２０００年第１四半期〜２０１９年第２四半期のアジア—米国間のコンテナ輸送量と米国の実質ＧＤＰの相関係数は０・81でした[9]。輸入国で景気好転が見込まれる場合、消費や生産が増えるために輸入需要が増加し、それに合わせてコンテナ輸送量も増加すると考えられるわけです。

マクロ経済の長期的予測としては、ＩＭＦが発表するWorld Economic Outlookや世界銀行の世界経済見通しなどが良く使われています。いずれも5年先の各国のＧＤＰの予測値を知ることができます。

また、景気の短期的予測としては、各種シンクタンクが発表する民間エコノミストによる予測の平均値を取りまとめるコンセンサス予測が良く知られています。今後はコンテナ輸送量でも短期予測の活用が進むと見ています[10]。

さらに短期予測には景気先行指標が用いられることもあります。米国の民間調査機関であるコンファレンスボードの景気先行指標総合指数（LEI）や、OECDの景気先行指数CLIは、複数の先行指標をもとに作成されており、毎月発表されています。日本でも内閣府が景気動向指数を発表しています。そのほか、景気変化の先行指標という観点から、各国の株価指数を検討材料に使うこともあります。日本であれば日経平均や東証株価指数、米国であればダウ・ジョーンズ工業株価平均（ダウ平均）などです。生産側の景気指標である、製造業景気指数や鉱工業生産指数はGDPと比較的強い相関があるため、月次レベルの分析の際に、GDPの代替に使われることもあります。

海運会社は現場からの声に加えて、こうした指標や予測を将来的な船舶・コンテナなどへの投資のための判断材料として参考にしているのです。

さて、GDPとコンテナ輸送量の関係をみるときに気を付けなければいけない点が二つあることが知られています[11]。

一つは、GDPが財（モノ）に対する支出だけではなく、サービスへの支出も含んでいることです。たとえば、米国では2020年の実質GDP成長率はマイナス3・4%となりました。しかしアジアから米国に向けたコンテナ輸送量は前年比プラス4・3%でした[12]。コンテナ輸送量が影響を受けるのは財に対する需要のみです。GDPの成長率にはサービスへの需要を含む分だけ、どうしても両者の関係は希薄化されます。

もう一つ気を付けなければいけないのは、コンテナ輸送のインバランス（貨物輸送量の差）の問題です。米国からアジアなど荷物の少ない方面（方向）の航路では、インバランスを埋めるためにリサイクル品などさまざまな貨物を集荷して積むため、何がどれだけ輸送されるかに、モノ需要以外の要因が関係してきます。そのためこれらの方面では、輸送量とGDPの間の相関が弱まる傾向があるのです。インバランスについては後ほど詳述します。

## コンテナ輸送量と為替レート、消費動向

コンテナ輸送量は国際貿易の変化に影響を受けることから、為替レートとも関係を持ちます。たとえば円安ドル高が進行したとき、米国発貨物は国内産品と比べて価格面での訴求力が低下します。そのため、コンテナ荷動き量は減少すると予測されるのです（パナマ運河の通航料もドルで支払い[13]をするため、そうした影響も出てきます）。

また、モノの需要に関連してくるのは、主に消費動向であり、これがコンテナ輸送の動

向にも大きく関わってきます。モノに対する需要を知りたい場合は、GDPのうち、消費の部分だけを取り出してみてみたり、小売売上高の動向を参照したりする場合があります。米国向けのコンテナ輸送においては、NRF（全米小売業協会）が小売関連の米国輸入コンテナ量の予測を発表しており、これを多くの実務者が参考指標として用いています。米ミシガン大学社会調査研究所が毎月発表している消費者信頼感指数は、近い将来の経済状況に対する消費者の期待感を示しており、これも参照されることが多いものです。

さらに、消費のもととなる雇用がどうなっているかも判断材料になります。雇用が増え、失業が減ればお金を消費できる人々が増加するため、小売売上高も増えると考えられるからです。参考にするものとして、米国では、実質GDPの約95％を占める非農業部門の雇用者数のデータがあります。また失業率も非農業部門雇用者数と並ぶ重要な雇用統計で、米国商務省センサス局から毎月発表されています。

ほかにも、コンテナ輸送量は住宅市況や自動車製造の状況などの動向との関係が強いことが知られています。たとえば北米航路では、住宅関連品の荷動き量が全体の約20％を占めており、欧州航路でも一定のシェアを持っています。新築もしくは中古で住宅が取引されれば、建材、家具、カーテン、カーペットなど多くの派生需要が発生しますし、引っ越しに際しては家電製品の需要も生み出します。そのため、米国の住宅許可件数は一年程度、荷動きの動向に先行するわけです。

米国においては住宅価格とモノ消費との関係が強いとの研究もあり、高橋伸服氏は2003年から2021年のデータについて住宅価格とモノ消費の前年比伸び率の相関係数が0・84と高いことを指摘しました。高橋氏は米国で持ち家の価格が上がった際に、資産効果を通じて家主が住宅関連品に限らずモノ全般の購買を増やしてきたことを示唆していると説明しています。前述のように、モノ消費はコンテナ輸送量と強い関係を持っています。実務者の間ではこのような関係が直感的には知られており、ケース・シラー指数など住宅価格指標もコンテナ輸送の動向を見るための参考とされているのです。

これと同じことが、自動車製造の状況でもいえます。欧米で自動車生産を増やす場合、アジアからの自動車部品の輸入が増加します。自動車部品は種類が多く、住宅と同じように派生需要が発生します。そのため、欧米での自動車製造の状況や需要の動向はコンテナ輸送でも重要になるのです。とくに日本からの輸出においては、自動車関連の品目がコンテナ貨物の上位を占めており、重要性がさらに高いといえます。

もちろん世界経済とコンテナ輸送の関係について詳細に知るためには、製品や商品市場以外にも、部品や原材料、中古品やリサイクル品の市場規模や市況などを知ることが必要です。ほかにも原油などのエネルギー価格など各国・各地域に関する様々な情報も求められますし、今後は船舶の位置を示すＡＩＳデータ[14]や衛星データ[15]なども使用されていくと考えられます。様々な情報を得る必要がある状況は、コンテナ船で運ぶ貨物のすそ野がそれだけ広くなっていることを意味していますし、広範なデータを解析してコンテナ輸送の動向を深く理解する動きは今後も進んでいくでしょう。

## コラム１　ドル建て払いと為替レートの影響[16]

コンテナ輸送の運賃を含む外航海運の運賃は米ドル建ての支払いが一般的です。したがって、海運会社の売り上げの大半は米ドル建てとなります。しかも、ドル建て比率は年々高まる傾向にあり、１９９４年度における日系主要海運会社のドル建て比率は64・6％でしたが、２０２１年度には87・4％まで高まっています【表1-2】。

収入はドル建てである一方、決算にあたっては何らかの形で円に換えなければならないため、為替レートの影響は避けられないことになります。他産業の海外売上高と比較しても[17]、外航海運における米ドル建て比率は大きく、為替レートの影響を非常に受けやすい構造になっていることがわかります【図1-2】。

日本の主要船社は１ドルあたり１円円高に振れると売り上げが約60億円、営業利益

| | 1994年度 | 2021年度 |
|---|---|---|
| 売上高 | 64.60% | 87.40% |
| 営業費用 | 57.50% | 73.30% |

表1-2：主要海運会社の売上高と営業費用に占めるドル建ての比率

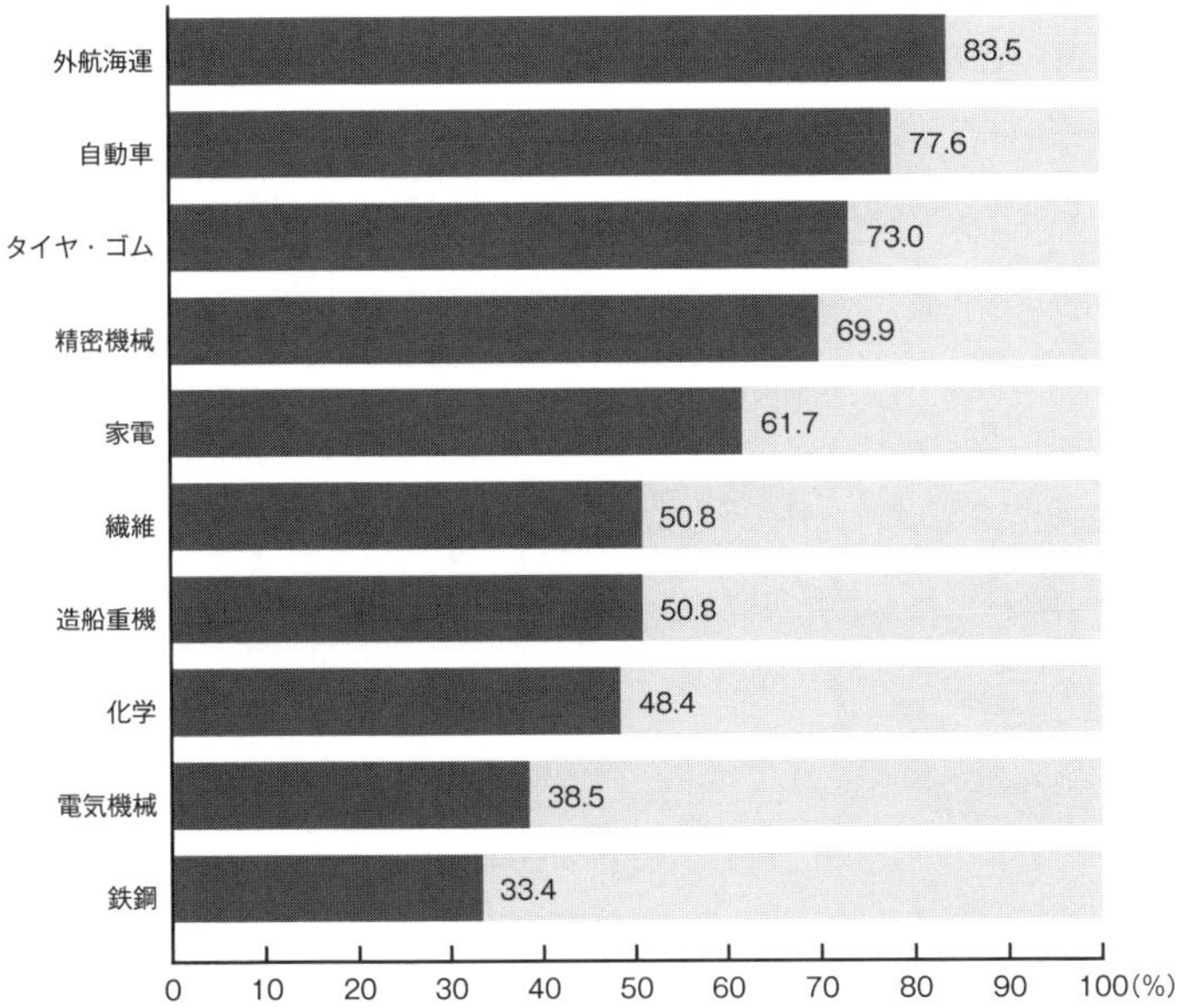


図1-2：外航海運のドル建て比率と他産業の海外売上比率の比較
出典：日本海事広報協会（2022）“Shipping Now 2022-2023”

も約9億円の減少につながります[18]。さらに国土交通省の試算によると、為替変動によって売上高は404億円、営業利益も58億円減少したとのことです。この影響を回避するため、海運会社は長期間にわたって「コストのドル化」を進めています。これは、ドルで得た売上高を使ってドル建てになった費用を支払うことで、為替変動リスクを回避するものです。1994年に57・5%であった営業費用のドル建て比率は、2021年度には73・3%まで上がっています。

# 第2章 経済の血液としての「箱」を理解しよう

## そもそも「コンテナ」とは何なのか

　コンテナ輸送は簡単にいえば、**同じ規格の金属製の箱「コンテナ」にさまざまな荷物を積み込んで、箱単位で運ぶ輸送システム**のことです。コンテナ輸送で用いられる主なコンテナは、20フィートコンテナ、40フィートコンテナ、40フィートハイキューブコンテナで、サイズは【表2-1】〔1〕のとおりです。

　荷主は荷物の重さと体積に合わせてコンテナの大きさを選びます。アルミのインゴット（一定の形状と大きさの塊）や穀物など、体積に対して重量が重い品目（重量勝ちの品目、と言います）を運ぶ際には20フィートコンテナが好まれます。衣類や靴、電化製品など、重さよりも体積が大きい品目（体積勝ちの品目）では40フィートコンテナやハイキューブコンテナが用いられます。S&Pグローバルレーティングの推計によると、**2021年では貨物輸送に使われた20フィートコンテナは4852万個、40フィートまたはハイキューブは5988万個**でした。

| コンテナサイズ | | 20フィートコンテナ | 40フィートコンテナ | 40'HC（背高） |
|---|---|---|---|---|
| 外寸法 | 長さ（mm） | 6,058 | 12,192 | 12,192 |
| | 幅（mm） | 2,438 | 2,438 | 2,438 |
| | 高さ（mm） | 2,591 | 2,591 | 2,896 |
| 内容積 | $m^3$ | 33.1 | 67.5 | 76 |
| 自重 | kg | 2,200 | 3,800 | 3,900 |
| 最大積載重量 | kg | 21,800 | 26,680 | 26,580 |
| 最大総重量 | kg | 24,000 | 30,480 | 30,480 |

表2-1：主なドライコンテナの規格
出典：平田燕奈・松田琢磨・渡部大輔（2022）『新国際物流論』
注：規格は製造者によって多少の違いがあります。

一般的なドライコンテナだけでなく、温度や湿度を管理できる冷蔵冷凍コンテナ（リーファーコンテナ）や、ジュースやワインなどの輸送に用いられるタンクコンテナ、通常のドライコンテナに入れることのできない大型貨物を運ぶために使うフラットトラックコンテナなどの特殊コンテナもあります。リーファーコンテナは、コンテナの中で温度を維持するため、箱の中が断熱材で囲まれており、冷凍機を内蔵しています。生鮮食品や冷凍食品などの食べ物だけではなく、温度維持が必要な薬品や化学物質の輸送にも使われています。

ほかにも、リーファーコンテナに窒素ガス発生装置を取り付けたＣＡコンテナも青果物の輸送に使用され、鮮度を保ったままの輸送を可能にしています〔2〕。コンテナのデザインは海運会社やリース会社によって異なりますが、多くの場合、リーファーコンテナは【写真2-1】の下の写真のように白地になっているのでわかりやすいです。

# コンテナはどこで造られ、誰が保有しているのか

## コンテナは誰のもの?

コンテナは通常、海運会社かリース会社が所有しています〔3〕。現在、海運会社とリース会社の保有シェアはほぼ半々で、近年はリース会社のシェアが高まっています。**荷物を輸送する場合は、海運会社のコンテナを借りるか、海運会社が借りているリースコンテナをさらに借りることになります**。第4章で解説しますが、2019年には米中貿易摩擦に伴って荷動きが低迷することを懸念して、リース会社が新造コンテナの発注を抑制していました。これが、2020年のコロナ禍におけるコンテナ不足が発生する一つの要因となったのです。

コンテナ海運会社〔4〕だけでなく、リース会社は近年集約が進んでおり、2021年で

写真 2-1：40 フィートドライコンテナ（上）とリーファーコンテナ（下）
写真提供：ONE ジャパン株式会社

は上位6社で90%のシェアを占めています。保有コンテナ約710万TEU、28%のシェアを持ちトップシェアのトリトンと、約440万TEUのコンテナ、17%のシェアを持つテクスティナーはともに、法人税の存在しないバミューダに本拠地を置いています。3位のフローレンスは約390万TEUで15%のシェア。同社は香港を本拠とし、中国国有の海運会社コスコの傘下にあります。

4位のCAIとビーコンのシェアは合わせて15%、330万TEUで、いずれも三菱HCキャピタルの傘下にあり、米国に本拠を置いています。両社は2022年10月に合併を発表し、23年1月にCAIを存続会社とする新体制となっています。

5位のシーコのシェアは10％で、240万TEUのコンテナを保有しています。同社はもともとGEキャピタルとシーコンテナ社の合弁事業として始まったものの、現在は中国のリース会社、渤海リースの傘下にあります。さらに米国に本拠を置くシーキューブのシェアが5％です。

## コンテナはどこで造られている？

コンテナの製造はいまでは中国が98％のシェアを占めていますが、時代とともに主な製造国は変遷してきました。

コンテナ化の始まった国ということもあり、もともとコンテナの製造は米国に集中していましたが、1970年代には日本での生産が増えて圧倒的なシェアを占めるようになります。当時は日本国内にコンテナの生産業者が20数社あったくらいです。横浜市のコンテナリース会社、EFインターナショナルの中尾治美氏によると、当時は重工系メーカーがコンテナ生産を手掛けることが多く、日立造船は舞鶴で、川崎重工は坂出でそれぞれコンテナを生産していたほか、日本フルハーフや不二サッシ、西武建設などがコンテナ生産を手掛けていたとのことです[5]。

１９８０年代後半、プラザ合意以降の円高が進んだ時期に韓国の製造シェアが増加しました。当時は世界のコンテナの70％以上を韓国企業が生産していたのです。そして中国におけるコンテナ製造業は１９９０年代に始まり、経済成長に合わせて急速に生産量を増やしました。２００２年には中国メーカーがコンテナ市場の90％のシェアを獲得するまでに規模を拡大して、現在に至っています。

**新造コンテナの生産拠点となるための条件は、①人件費が低いことに加え、②一定規模以上の製鉄業が立地していること、③貨物の輸出拠点に近いこと**が挙げられます。二つ目の条件は、材料となる鉄鋼製品をすぐに調達できることが理由です。三つ目の条件は、製造したコンテナをすぐ輸出荷主に提供でき、調達が効率的に行えるためです。

１９７０年代の日本はアジア地域内で工業製品の輸出国として大きなシェアを占めていましたし、現在の中国は世界でも有数の製造業の拠点を有する、世界一のコンテナ貨物輸出国です。いずれも、製造したコンテナをすぐに納入でき、新造コンテナの生産拠点としての条件に適う地域だったということです。

現在のコンテナ製造業者は、中国招商局集団の傘下にあるＣＩＭＣ（中国国際コンテナ）グループがトップシェアを占めているほか、コスコグループのShanghai Universal Logistics Equipment（上海寰宇物流装备有限公司）もコンテナの製造を行っています。ほかにもシンガマス、ＣＸＩＣなどの中国系企業が主要メーカーとして挙げられます。さらにデンマークの海運会社マースクの傘下にあるＭＣＩ（マースク・コンテナ・インダストリー）[6]や、日本のダイキンもコンテナを製造しています。

現在は、中国系以外の企業もコンテナ製造を中国で行うことが一般的です[7]。直近では世界のコンテナ製造のうち、約85％がＣＩＭＣ、Shanghai Universal Logistics Equipment、シンガマス、ＣＸＩＣの４大グループで製造されていますが、その他、４大グループ以外も含めると中国国内での生産は97・３％（２０１９年）を占めています。

ただし、今後は中国から生産拠点が移っていく可能性もあります。２０２０年初頭に中国で新型コロナウイルスの感染が拡大して、コンテナ生産工場の稼働が停止したことが世界的なコンテナ不足からの回復を遅くしました。これを受けて、現在ではベトナムやインド、韓国でコンテナ生産を行うことも検討されているのです。中国沿海部での人件費が上昇していること、ベトナムなど東南アジアに製造業の拠点がシフトしつつあることに加え、これらの地域に製鉄業が拡大していることを踏まえると、今後新造コンテナの生産拠点も中国からシフトしていく可能性は高いといえます。

# コンテナ輸送の「二大基幹航路」の動向

世界にはどのようなコンテナ航路があるのでしょうか。

【図2-1】で2021年の世界のコンテナ荷動き量を示しました。この図によると、世界全体のコンテナ貨物輸送量は1・8億TEUにのぼります。ただし、コンテナ貨物量をすべて実測したデータは存在しないため、この数値は推計値であり、発表機関によって1・5億TEUから2億TEUの間で異なっています。

主な航路としては、**アジア・北米間を往復する北米航路、アジア・欧州間を往復する欧州航路があり、これらは二大基幹航路と呼ばれています**。北米航路は年間3000万TEU弱、欧州航路は2000万TEU強の輸送量であり、この二航路だけで世界全体の3分の1近くを占めるほど大きなシェアの航路です。これら航路は荷物量が多いことに加え、距離も長いため、運賃収入が大きく、大手海運企業はこれら航路を収入の柱として重視しています。米国行き、欧州行きの貨物量のほうが多いため、運賃も米国行き、欧州行きがアジア行きの倍以上の値を付けます。また、**コンテナ輸送では、アジアから米国行き（北**

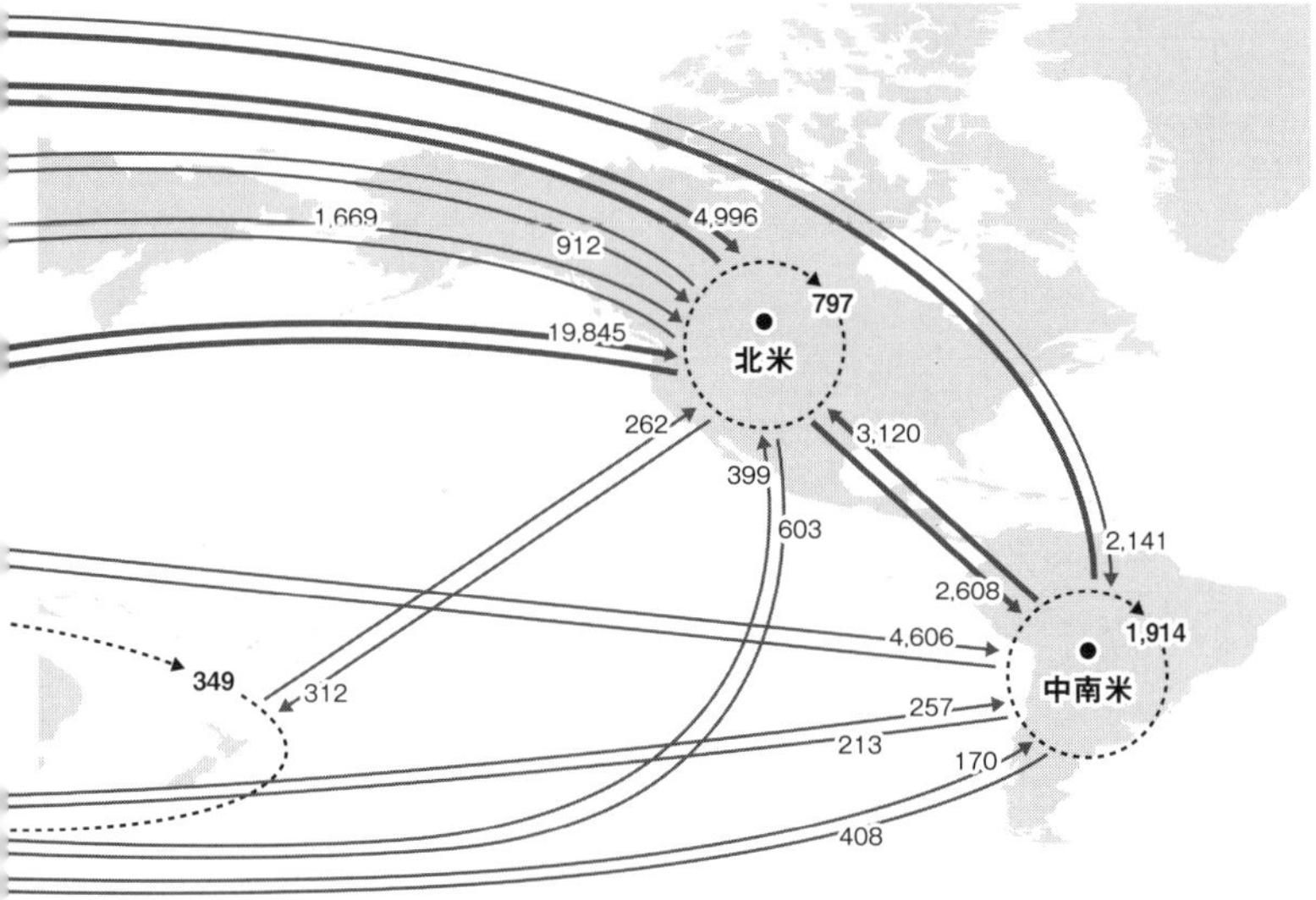


**米往航）、欧州行き**（欧州往航）**の貨物量と運賃の状況が世界のコンテナ市場の状況を示すバロメーター**となっています。

北米往航、欧州往航いずれの航路でもアジアで生産された消費財や中間財が欧米に向かって運ばれています。アジア側の輸出国で圧倒的な存在は中国で、北米向けの航路でも欧州向けの航路でも輸出量で約三分の二のシェアを占めています。次いで貨物が多い国として韓国やベトナムが挙げられ、さらにタイやインドが続き、その次が日本です。

コンテナ化が始まってから1980年代まで、これらの航路で日本は圧倒的な地位を占めてきましたが、NIES諸国や中国の台頭、東南アジア諸国の経済成

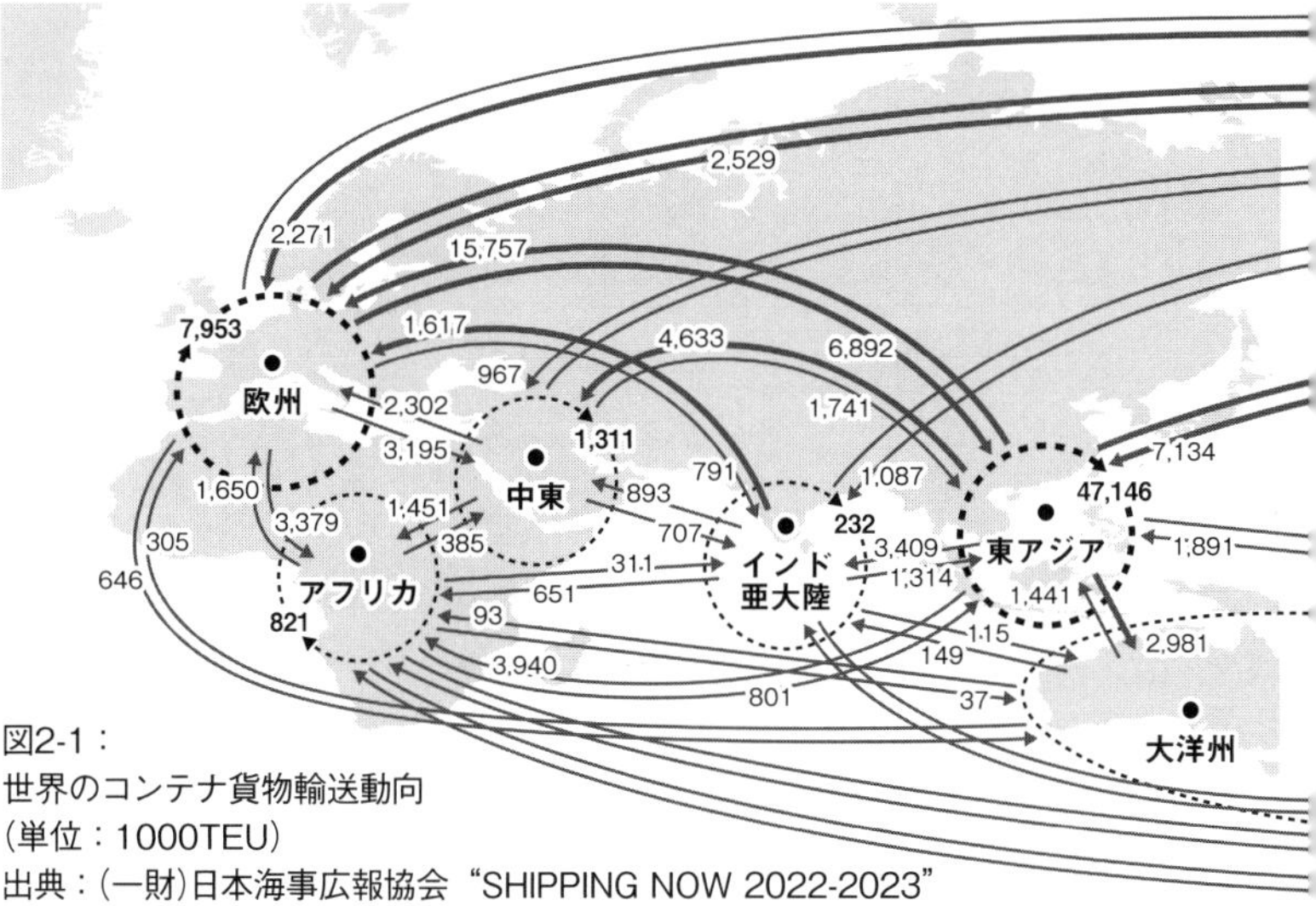


図2-1：
世界のコンテナ貨物輸送動向
（単位：1000TEU）
出典：（一財）日本海事広報協会“SHIPPING NOW 2022-2023”

長という段階を経て現在にいたります。

また、北米航路と欧州航路では行きの航路（メインホール）と帰りの航路（バックホール）の間で貨物輸送量の差（インバランス）が大きく、それを埋めるために大量の空コンテナが回送されています。ほとんどのアジア諸国は輸出貨物量のほうが多く、空コンテナが輸送されてきますが、日本はアジア地域の中で唯一輸入貨物量のほうが多い国です。

ちなみに、船舶の大型化は「カスケーディング」と呼ばれる方式で進み、大型船ほど基幹航路から導入が進むことが知られています。最新の大型船が竣工するとまずはアジア・欧州間の欧州航路で用いられます。それまで欧州航路で用いられていた船舶が北米西岸航路や大西洋航路（北米・欧州間航路）に転用され、さらにこれら航路で用いられていた船舶がアジア域内航路や南米航路などに転配されます。すなわち、基幹航路への大型コンテナ船導入後、船舶の大型化が階段状に続く滝（カスケード）のように順々に進行します【図2-2】。このように船舶の大型化は、特定航路だけでなく、世界全体の航路に影響を与えていくわけです。コンテナ船の大型化については後述します。

## 基幹航路での海運会社（船腹量）のシェアは？

北米航路と欧州航路について、各海運会社のシェアを見ていくことにしましょう。

2022年12月時点で北米航路に就航している船社の中では、中国のコスコが週当たり8・1万TEUで、就航させている船腹量でトップ。僅差でデンマークのマースクがつづき、週当たり約8・0万TEUを就航させています。この順位は月によって変動があり、マースクがトップに立つこともあります。次にシェアが大きいのは日系船社のONE（Ocean Network Express）〔8〕で週当たり6・5万TEU。その次がフランスのCMA-CGMで約6・3万TEUを就航させています。マースクもCMA-CGMも米国系船社〔9〕

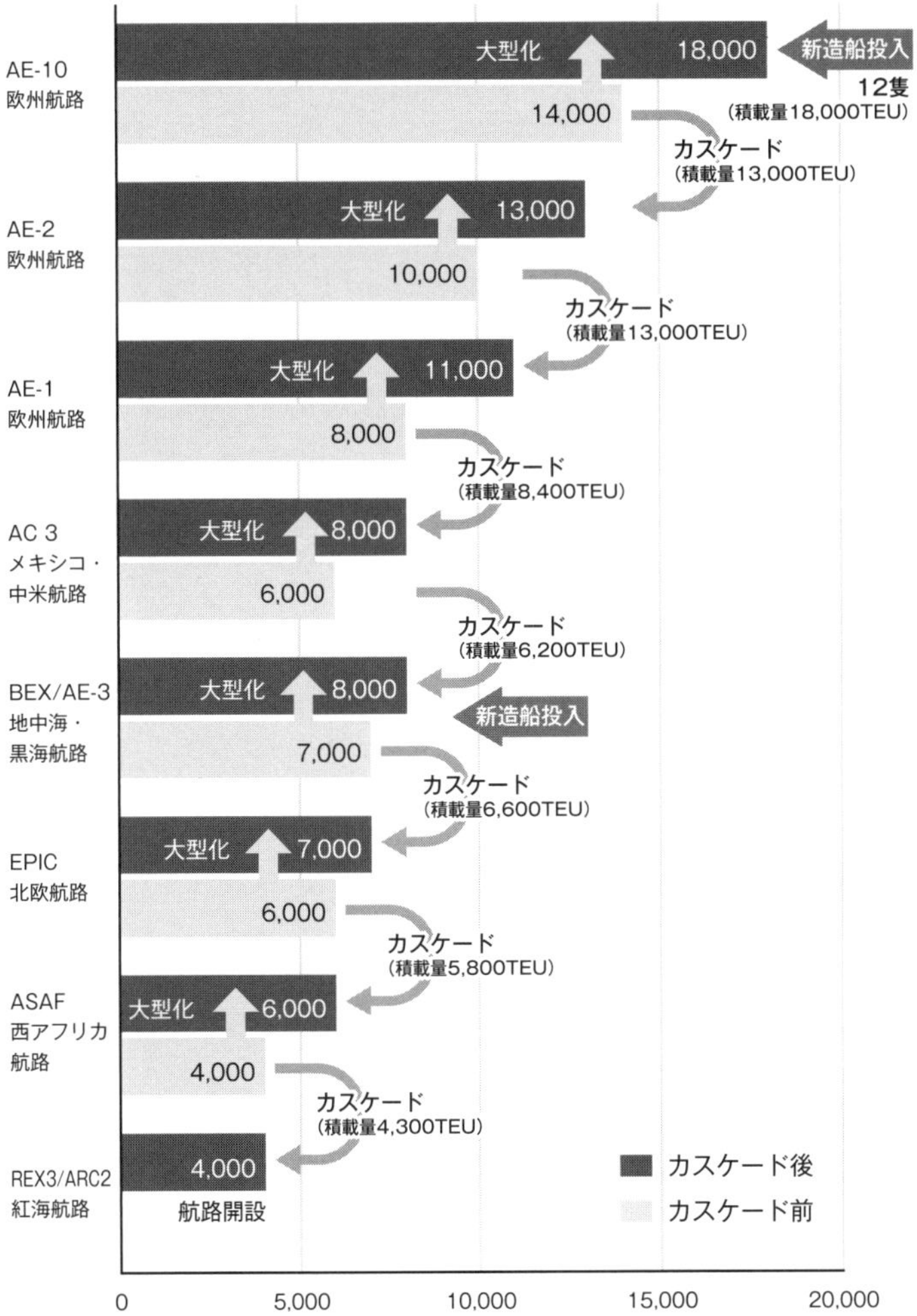


図2-2：カスケーディングによる各航路への転配の様子
出典：国際コンテナ戦略港湾政策推進委員会（第7回）資料

を買収した歴史があり、北米航路には伝統的に強みを持っています。さらに台湾のエバーグリーンが約5・2万TEU、スイスのMSCが約5・0万TEUを運航しています。また、韓進海運の北米航路の営業を継承したSMラインも週当たり約1・0万TEUの船舶を運航しています。

アライアンス別にみると、オーシャンアライアンス（OA）が就航している船腹量のうち35％を占めてトップ、次いでザ・アライアンス（TA）が27％、2Mアライアンスが23％となっています。TAに属する船社はほかの二つのアライアンスに比べメンバーの企業規模は小さいものの、ONEを筆頭に北米航路の運航を中心に行う企業が多く、全体としてのシェアは2Mと拮抗しています。

2020年後半以降は、コロナ禍で運賃が高騰したこと、さらには混雑によって貨物輸送の遅延が生じたために、中小船社が利益を得るべく北米航路に参入しました。そのため、アライアンスに属していない船社による船舶のシェアが10％を超える状況が続きました（しかし、2022年後半のコンテナ運賃急落を受けて、中小船社はふたたび撤退を始めています）。

次に欧州航路を見ていきましょう。2022年12月時点で欧州航路に就航している船社の中ではマースクが週当たり約7・9万TEUを占めてトップです。次いでMSCが約6・

4万TEUの船舶を運航しています。それに次ぐのがコスコ、CMA-CGMといったOAに属する海運会社です。TAに属する4つの船社は比較的低いシェアとなっていて、欧州に本拠を置く船社のシェアが高くなっています。

アライアンス別にみると、オーシャンアライアンスが就航している船腹量のうち36％を占めてトップであり、次いで2Mが34％、TAが27％となっています。北米航路と異なり、距離が長く寄港地も多い欧州航路には新規参入が難しく、アライアンスに属していない船社による船舶は3％にとどまっています。

## アジア域内、南米……基幹航路以外のコンテナ航路

**北米と欧州の間を結ぶ大西洋航路は、1966年に初めて定期コンテナ航路が就航した航路**です。かつては北米航路、欧州航路と合わせて大西洋航路も基幹航路と呼ばれていました。しかし、現在の貨物量は往復で約800万TEUにとどまっており、かつてほどの存在感はなくなっています。

**欧州と南米の間は植民地時代からの関係もあって経済的つながりも強く、年間400万**

TEU程度の輸送量がありますｓ。かつてはチリにCCNIやCSAVなどコンテナ船社もありましたし、かつてドイツに拠点を構えていたハンブルク・スードは欧州と南米の間の輸送に強みを持っていました[10]。また、欧州系のコンテナ海運会社はアフリカ発着のコンテナ輸送でも大きな存在感を示しています。

近年は東南アジアの経済成長やアジア域内における企業内貿易の進展を背景にアジア域内コンテナ輸送量が大きく伸びており、現在では約5000万TEUの貨物が運ばれ、二大基幹航路の貨物量をはるかに上回っています。東南アジア経済は堅調に推移しており、今後もベトナム、タイを中心にコンテナ貨物輸送における東南アジアのプレゼンスは高まっていくとみられます。製造拠点を中国に依存しすぎることを危惧する見方や、米国との貿易摩擦、沿岸部を中心とした地域での人件費上昇もあり、今後は荷主も〝チャイナプラスワン〟を模索していくことになることは間違いないでしょう。東南アジアはチャイナプラスワンの有力な候補地であり、すでに貨物輸送の増加が進んでいるのです。

## ここが「世界のコンテナ港」トップ30

62～63ページの【表２-２】は２０２０年と２０２１年における世界第30位までのコンテナ港と日本の主要港湾のコンテナ取扱量〔11〕を示しています。『ロイズリスト』という海運専門誌が毎年、世界のコンテナ取扱量の上位１００港を取りまとめて発表しているものです。以下では表にある港の中から、主な港を紹介します。なお、特筆すべきこととして、**上位７港それぞれの取扱量は、日本全体のコンテナ取扱量２２４６万ＴＥＵ（２０２１年）を上回っています。また、シンガポール、釜山《プサン》、ロッテルダムを除くと取扱量で上位10位を占めているのはすべて中国の港**です。

コンテナ取扱量が最も多い上海《シャンハイ》港は中国中部にある、長江やその支流に面した港であり、この地域や内陸部の工業製品の中心的な輸出港です。中国経済の高度成長を背景に２０００年以降、コンテナ取扱量を急ピッチで伸ばしました。２００３年に初めて年間取扱量が１０００万ＴＥＵを突破し、２００７年には香港《ホンコン》を抜いて第２位となっていました。リーマン・ショックの影響を受けた２００９年には取扱量が減少したものの、現在も順調に取扱量を伸ばしています。水深不足や容量不足に対応するために２００２年から30キロ沖の群島でのコンテナターミナルの整備が始まり、２００５年から供用が開始されました。上海洋山港もしくは洋山深水港と呼ばれ、現在も開発が進んでいます【写真２-２】。

| 順位 | 港名 | 国 | 2021年取扱量 | 2020年取扱量 | 変化率 |
|---|---|---|---|---|---|
| 22 | ホーチミン | ベトナム | 7,956,133 | 7,854,091 | 1.30% |
| 23 | コロンボ | スリランカ | 7,250,000 | 6,854,762 | 5.77% |
| 24 | タンジェメッド | モロッコ | 7,173,870 | 5,771,200 | 24.30% |
| 25 | 太倉 | 中国 | 7,037,900 | 5,212,000 | 35.03% |
| 26 | タンジュンプリオク | インドネシア | 6,849,227 | 6,134,006 | 11.66% |
| 27 | ムンドラ | インド | 6,660,000 | 5,656,594 | 17.74% |
| 28 | ハイフォン | ベトナム | 5,695,839 | 5,142,300 | 10.76% |
| 29 | ナバシェバ（※3） | インド | 5,630,000 | 4,470,000 | 25.95% |
| 30 | サバンナ | 米国 | 5,613,163 | 4,682,249 | 19.88% |
| | | | | | |
| 46 | 東京 | 日本 | 4,325,956 | 4,259,755 | 1.55% |
| 72 | 横浜 | 日本 | 2,861,197 | 2,661,622 | 7.50% |
| 73 | 神戸 | 日本 | 2,823,774 | 2,647,066 | 6.68% |
| 77 | 名古屋 | 日本 | 2,725,597 | 2,471,146 | 10.30% |
| 82 | 大阪 | 日本 | 2,425,638 | 2,352,250 | 3.12% |

表2-2：世界上位30位のコンテナ港と日本の主要港のコンテナ取扱量
（2020〜2021年、単位：TEU）
データ出所：Informa“Lloyd's List Top 100 Container Ports”
注：順位は2021年のもの
※1　天津には市街地に近い天津港と渤海に面した天津新港（Xingang）があり、コンテナ貨物は通常天津新港で取り扱われます。
※2　厦門は日本では閩南《びんなん》語(福建省南部の言語)読みのアモイ(Amoy)の方が一般的ですが、中国語読みおよび英語表記ではシアメン(Xiamen)の方が一般的です。
※3　ナバシェバ港はジャワハルラール・ネルー港とも呼ばれています。略称のJNPTで呼ぶ人もいます。

| 順位 | 港名 | 国 | 2021年取扱量 | 2020年取扱量 | 変化率 |
|---|---|---|---|---|---|
| 1 | 上海 | 中国 | 47,030,300 | 43,503,400 | 8.11% |
| 2 | シンガポール | シンガポール | 37,470,000 | 36,870,900 | 1.62% |
| 3 | 寧波-舟山 | 中国 | 31,070,000 | 28,720,000 | 8.18% |
| 4 | 深圳 | 中国 | 28,767,600 | 26,550,000 | 8.35% |
| 5 | 広州 | 中国 | 24,180,000 | 23,505,300 | 2.87% |
| 6 | 青島 | 中国 | 23,710,000 | 22,010,000 | 7.72% |
| 7 | 釜山 | 韓国 | 22,706,130 | 21,824,000 | 4.04% |
| 8 | 天津（※1） | 中国 | 20,269,400 | 18,353,100 | 10.44% |
| 9 | 香港 | 中国 | 17,798,000 | 17,953,000 | -0.86% |
| 10 | ロッテルダム | オランダ | 15,300,000 | 14,349,446 | 6.62% |
| 11 | ドバイ | UAE | 13,742,000 | 13,488,000 | 1.88% |
| 12 | ポートクラン | マレーシア | 13,724,460 | 13,244,423 | 3.62% |
| 13 | 厦門（アモイ※2） | 中国 | 12,045,700 | 11,410,000 | 5.57% |
| 14 | アントワープ | ベルギー | 12,020,000 | 12,031,469 | -0.10% |
| 15 | タンジュンペラパス | マレーシア | 11,200,000 | 9,800,000 | 14.29% |
| 16 | ロサンゼルス | 米国 | 10,677,610 | 9,213,400 | 15.89% |
| 17 | 高雄 | 台湾 | 9,864,448 | 9,621,662 | 2.52% |
| 18 | ロングビーチ | 米国 | 9,384,368 | 8,113,300 | 15.67% |
| 19 | ニューヨーク／ニュージャージー | 米国 | 8,985,929 | 7,585,819 | 18.46% |
| 20 | ハンブルク | ドイツ | 8,715,000 | 8,540,000 | 2.05% |
| 21 | レムチャバン | タイ | 8,335,384 | 7,597,900 | 9.71% |

出典：https://commons.wikimedia.org/wiki/File:Panorama_Yangshan.jpg

２０３０年の完成に向けて、バース（埠頭）総延長５５００メートル、年間取扱数量１１６０万ＴＥＵというターミナルの建設も計画されています。

第２位のシンガポールは２００５年から２００９年まで世界第１位、２０１０年以降も世界第２位のコンテナ取扱量を誇るコンテナ港です。**コンテナを一つの船からもう一つの船へ積み替えるトランシップ貨物を中心に取り扱っています**。マラッカ海峡という交通の要衝《ようしょう》に位置することや、シンガポールが東京23区ほどの面積しかない小さな国であることもあって、貨物のうちトランシップ貨物の比率が約90％にのぼります。

**船が立ち寄ることを利用して、船舶の給油**

写真 2-2：上海洋山港南側の風景

もよく行われており、燃料油価格もシンガポール港での価格が基準として多く用いられています。さらに、港を中心にデジタル化の進展や物流業者の集積がみられています。

一方で、コンテナターミナルの移転も進んでおり、マレーシアとの国境に近い西部トゥアス地区の開発が2015年から開始され、2022年から一部供用が開始されました。2040年代に予定されている全面供用後は6500万TEUを取り扱う世界最大規模の自動化コンテナ港となる見込みです。

第3位の寧波《ニンポー》・舟山《シュウザン》港は上海の南にある港で、コンテナターミナルは上海から100キロメートルほどの距離にあります。コンテナ取扱量が急速に増加した港であり、2000年には90万TEUであったものが20年で30倍以上になりました。後背地〔12〕が上海と重なっており、貨物獲得で競合関係にあります。25位の太倉《タイツァン》港も上海近郊にある港で、下関や大阪との間でフェリー航路が開通しており、アパレル製品などが日本向けに輸出されています。

第4位の深圳《シエンツエン》港は、塩田《ヤンティアン》、蛇口《シエコウ》、赤湾《チーワン》、大鏟湾《ダチャンベイ》などの港区を合わせた港です。このなかで最もコンテナ取扱量が多いのは塩田港です。これらの港は中国南部、珠江デルタの工業地域からの輸出品を搬出する拠点となっており、電化製品などの輸出で知られています。第5位の広州《グワンゾウ》港も南部中国の貨物を輸出する一大拠点です。

第6位の青島《チンタオ》港と第8位の天津《テンシン》港は中国北部における貨物輸出拠点です。天津港は1952年に新しい場所での供用が始まったことから、天津新港、または新《シン》港《ガン》と呼ばれることもあります。内陸にある北京の外港としての役割も持っています。中国北部の貨物は1990年代までは神戸港を経由して、それ以降は釜山港を経由して多く運ばれていましたが、近年の経済成長を受けて中国国内の港湾整備が進み、欧米へ向かう航路の船もこれらの港に寄港するようになったのです。そのため現在では、釜山港との間で貨物獲得競争が起こっています。

一方の釜山は1990年代以降、物流立国を目指した「コンテナ貨物は釜山、航空は仁川《インチョン》に集中させる」という国策のもと港湾整備が拡大しました。2000年にはコンテナ取扱量で世界第3位になるなど発展を見せ、近年は中国港湾の取扱量増加に合わせて順位は低下気味ですが、2021年でも世界第7位の港湾です。トランシップでは世界第2位であり、中国華北地方や日本発着のトランシップ貨物を多く取り扱っています。貨物の約半分（2021年は54％）はトランシップ貨物で、そのうち約3割（同32％）が中国発着貨物です。日本発着のトランシップ貨物は1割程度で、**日本から見ても発着コンテナの1割程度が釜山港を経由してほかの国との間を行き来しています**。

第9位の香港は、2000年代初頭までは経済体制の異なる中国との間の貿易窓口として発展し、再輸出（輸入した通関済みの商品を再度輸出すること）などを中心に貨物を取り扱ってきました。1999年から2004年までコンテナ取扱量世界第1位、2014年でも世界第4位でした。近年までトランシップ貨物の比率が6割近くを占めていたものの、2021年には4割弱まで低下しています。これは深圳港や広州港の整備によって、中国から輸出される貨物の多くが香港を経由せずに運ばれるようになったためです。香港は手続コストの低さやほかのアジア地区との接続の良さ［13］を武器に対抗しているものの、近年は苦戦が続いています［14］。

ほかにもアジアのトランシップ港としては、第17位に位置する台湾南部の高雄港《カオシユン》が知られています。同港は1966年に輸出加工区が建設されたことをきっかけに成長した港湾であり、1980年代前半からトランシップ貨物の比率が増加しました。同港は台湾随一の港湾であり、台湾発着貨物のほか、ベトナムやフィリピンなど東南アジア諸国や中国中部や福建省などを発着するトランシップ貨物を多く取り扱っています。高雄と競合関係にあるのは厦門《アモイ》や上海、寧波・舟山など直航貨物を中心に取り扱うゲートウェイ港です。近年台湾当局の港湾政策が積極的とはいえなかったこともあり、上海港や寧波・舟山港の整備が進んだ2000年代後半以降、高雄港のトランシップ貨物は伸び悩んでいました。しかし最近は貨物誘致にも力を入れ始めています。

第10位のロッテルダムはオランダの歴史ある港湾都市であるとともに、ドイツのハンブルク、ベルギーのアントワープと並んで北部欧州のコンテナ輸送の大拠点です。これらの港に搬入された貨物はドイツ、フランスなどの内陸部にトラック、鉄道、河川輸送などを用いて輸送されます。また、東欧に向けた貨物を鉄道で運ぶための拠点にもなっています。

米国の輸入港としては、第16位のロサンゼルス港、第18位のロングビーチ港および第19位のニューヨーク／ニュージャージー港が最も大きな規模のコンテナ港です。**いずれも世界一の輸入国である米国の貨物を取り扱うため、大規模な輸入港**となっています。とくにロサンゼルス港、ロングビーチ港はカリフォルニア州近辺の貨物だけでなく、内陸部向け貨物の積み替え拠点となっており、港の中に鉄道ターミナルまで整備されています。コンテナは港の中、もしくは近郊にあるターミナルで貨物列車に積み替えた後、シカゴを中心とした内陸部に運ばれていきます。

## 日本の港湾の存在感が小さくなっている!?

一方で、**日本の港湾は存在感が小さくなっています**。日本港湾のコンテナ取扱量は2000年の1490万TEUから、2021年には2246万TEUまで増加しましたが、日本以外の国でコンテナ取扱量がさらに増加しているため、コンテナ貨物取扱量の順位では低迷が続いているのです。1975年にはコンテナ貨物取扱量で神戸港が世界第3位（1980年も第3位）に立ち、1995年でも横浜港が世界第10位だったものの、現在では東京港の第46位が最高位という状況です。これは**アジアにおける製造業の生産拠点が日本から中国や東南アジアに移った事情**を如実に反映しています。

日本発着貨物の取扱量の順位が下がっているなか、**アジア・北米間とアジア・欧州間の基幹航路が日本の主要港に寄港する数も減少**しており、日本のコンテナ港湾の地位低下が反映されているとの指摘があります。アジア港湾への寄港数が伸びているにもかかわらず、日本の主要港湾（東京、横浜、名古屋、大阪、神戸）への基幹航路の寄港数は、1995年の143便／週から2021年には31便／週と大きく減少。その一方で上海港は1便／週から66便／週へ、釜山港は27便／週から53便／週へと増加しているのです。

日本の主要港の存在感が小さくなっている事情には様々な背景がありますが、**とくにアジア・欧州航路の場合、日本が中国や韓国の先に位置している地理的条件の問題**があります。2021年における日本と欧州の間のコンテナ貨物輸送量は往復で131・1万TEUと、アジア・欧州航路の5・3％にとどまっています。シェアの大きくない貨物を運ぶために釜山や上海から日本まで往復することは、海運会社にとって取り難い選択です。運航にかかる日数を短くすることを通じた頻度の向上、輸送時間の短縮、航行距離の短縮による燃料消費量の削減などを目的として、日本への寄港を減らす傾向が続いているのです。

このような状況を受けて、日本でも地位向上に向けて対策がとられてきました。まず、国土交通省は2004年度から「スーパー中枢港湾政策」を開始しました。目的は、「コンテナターミナルのサービス水準の向上や港湾コストの低減を通じて基幹航路の寄港頻度を維持し、効率的な物流体系を構築することによって、産業の国際競争力の強化と国民生活の安定を図ること」（国土交通省「スーパー中枢港湾政策の総括と国際コンテナ戦略港湾の目指すべき姿」より）。この政策のもとで、国際競争力のある港湾を選んで重点的に整備をすすめるべく、京浜港（東京・横浜）、阪神港（大阪・神戸）、伊勢湾（名古屋・四日市）の3港が選ばれました。2005年には横浜港、伊勢湾、阪神港で同政策に則ったコンテナターミナルの供用が始まりました。しかし、投資が行われたいずれの港湾でも取扱量ランキングの順位低下が続きました。

さらに2010年度からは「国際コンテナ戦略港湾政策」が開始されています。基幹航路の寄港を維持・拡大することで企業の立地環境を向上させ、日本の国際競争力を強化するというもので、内航、トラック、鉄道によって主要港と各地方を結ぶ輸送ネットワークの抜本的な強化も方策に入っています。なお、国際コンテナ戦略港湾は京浜港と阪神港に絞り込まれています。

国際コンテナ戦略港湾政策の下では、「民間企業が出資する『港湾運営会社』を設立し、『民』の視点による戦略的な一体運営の実現等により公設民営化等を通じ、国際競争力の強化を図ること」（国土交通省HP「国際コンテナ戦略港湾政策について」より）が目標に挙げられています。2014年に設立された阪神港の港湾運営会社「阪神国際港湾株式会社」や、2016年に設立された京浜港の港湾運営会社「横浜川崎国際港湾株式会社」には国からの出資が行われています。ほかにも無利子貸付制度の対象施設を追加するなどの施策も取られ、「日本の港湾」の競争力の強化が進められています。2023年からは、国土交通省港湾局が国際コンテナ戦略港湾政策に続く施策の検討を開始しています。

なお、日本のコンテナ港湾は、消費財輸入の拠点、部品や製品輸出の拠点としてだけでなく、周辺の産業や雇用にとっても重要な役割を持っています。これら産業と連携して運営や開発を進めていくことで魅力ある港、そして港町が構築されていきます。そのために一つのポイントとなるのは、輸出入のバランスがとれるよう、港湾政策と産業政策、さらには街づくりが連携していくことです。第6章でも触れますが、例外はあるものの、日本の多くの港では輸出の促進が振興のために重要になります。

## マラッカ海峡各港のトランシップ貨物獲得競争

コンテナ港湾の運営を考える上で興味深いのが、マラッカ海峡を挟んで激しく競争をし

図2-3：東アジアにおける主な港湾の位置関係

ているタンジュンペラパス、ポートクラン、シンガポールの3港です。

まず、マレーシアにあるタンジュンペラパスは2000年に操業を開始したコンテナ専用港湾です。運営は民間企業Pelabuhan Tanjung Pelepas Sdn Bhd（PTP社）が行っており、マースクの子会社APMターミナルズがPTP社に30％の出資を行っています。同港は取扱貨物量の90％以上をトランシップ貨物が占め、マースクやエバーグリーンが同港を東南アジア地区のトランシップハブ港に設定しています[15]。

ポートクランはマレーシアの首都クアラルンプール近郊にあり、アジア・欧州間のコンテナ航路を中心にトランシップ貨物を多く取り扱っています。一方、同港では自国発生、自国向けの貨物で直接母船への積み下ろしが行われる直航貨物の取り扱いも多く、直航貨物とトランシップ貨物の取扱量のシェアが拮抗しています。

【図2-3】にもある通り、シンガポール、タンジュンペラパス、ポートクランは、多くのコンテナ航路が通過するマラッカ海峡にあることが地理的優位性の源泉となっています。

3港の距離はかなり近く、シンガポール・ポートクラン間は472キロメートル、シンガポールとタンジュンペラパスはジョホール海峡を挟んで40キロメートルしか離れていません。そのため、**東南アジア諸国や南アジア諸国から発生するトランシップ貨物の獲得をめぐる港湾間競争は熾烈化し、港湾インフラの整備やターミナルの運営でも競い合って**います。

1990年代以前は、マラッカ海峡の港ではシンガポールが絶対的な存在でした。そこへ21世紀に入ってからポートクランやタンジュンペラパス港がトランシップ貨物獲得のために積極的な誘致活動を始め、港湾利用コストの安さを武器に追い上げをめざしています。ただし、シンガポールも港湾機能の充実や運営の効率化、サービスの充実を図って対抗しており、ICTの活用や物流施設、物流人材、ネットワークの充実が評価されるなど

3港の中での同港の優位性は大きく揺らいではいないのが実情です。

## コラム2　近接港と河川港

さきほど、ロサンゼルス港とロングビーチ港について触れましたが、両港はロサンゼルス市とロングビーチ市の行政区画で区切られているだけで、完全に隣接している港です【図2-4】。道路を走っているといつの間にか隣の港に入ることになるので、少し不思議な気分になります。隣接していることもあり、港から内陸部へ向かう半地下の線路であるアラメダコリドー【写真2-3】を共同して利用したり、環境対策で協力するなど連携を取ることもあるものの、基本的には貨物を奪い合うライバル関係にあります。2014年にバージニア州ノーフォークで開催された国際海運経済学会の講演で「ロサンゼルスの最大のライバルはほかのどこでもないロングビーチである し、ロングビーチの最大のライバルもそうだ」と話されているのを聞いたことがあります。

こうした「近接港」は他にもあり[16]、前項で紹介したシンガポール港とタンジュンペラパス港は現在でも40キロメートルほどの距離にあるかなり近い港です。2040年にシンガポール港のトゥアス地区への移転が完了すれば、ジョホール海峡

図 2-4：ロサンゼルス港（点線より左）とロングビーチ港（点線より右）
出典：Google Map

写真 2-3：アラメダコリドーを通過する貨物列車
© Alameda Corridor Transportation Authority

図 2-5：タンジュンペラパス港（左上）とシンガポール港トゥアス地区（右下）
出典：Google Map

写真 2-4：バンコク港のコンテナターミナル
著者撮影

を挟んで対岸に港が位置するようになります【図2-5】。
ベルギーのアントワープ港とオランダのロッテルダム港も直線距離では100キロメートルほどしか離れていません。ほかに距離の近い港としては、中国の広州港、深圳港と香港、上海港と寧波・舟山港などを挙げることができます。**これらの港は後背地が重なることもあり、ロサンゼルスとロングビーチのような強力なライバル関係となっていることが多い**ですが、その一方、シアトル・タコマ港やニューヨーク・ニュージャージー港のように[17]経営統合を進めているところもあります。

少し変わった港として「河川港」も紹介

写真 2-5：ハンブルク港のコンテナターミナル
著者撮影

---

しておきましょう。

日本の河川ではコンテナ輸送が行われていませんが、中国の長江では上海などから内陸部の重慶まで河川輸送が行われます。河川の幅も広く水深もあるため、中国の河川輸送では日本の海上輸送と変わらない大きさの船が航行しています。経済成長によって沿岸部から中西部へ製造拠点がシフトしたことに伴い、長江では上海港が基点となる形で、また、珠江では深圳港と広州港が基点となる形で、内河港湾へのフィーダー輸送が進められています。

アジアでは他にベトナムのホーチミン港やカンボジアのプノンペン港がメコン川に沿って位置しており（プノンペンからベトナムへの河川輸送は盛んに行われています）、パキスタンのカラチ港やタイのバンコク港（アジア地域内とのコンテナ輸送で使用）も河川港です【写真2-4】。

欧州でも底の浅いバージ船を使った河川輸送が盛んに行われています。大規模な国際輸送を行うアントワープ港やドイツのハンブルク港【写真2-5】では河口から川を上って港に寄港しています。

上海港やロッテルダム港のようにコンテナターミナルが河口まで下って海沿いや沖合に展開するケースもあります。上海の洋山深水港は30キロメートル以上の沖合にあり、ロッテルダム港のコンテナターミナル、マースフラクテ2も元々の港から約30キロメートル離れた場所に建造されています。

## コンテナ船——年々大型化している理由

世界で就航しているコンテナ船は2021年12月時点で、5690隻[18]、船腹量にして2591万TEUにのぼります。このうち、1万8000TEU以上の超大型船舶は152隻、319万TEUを占めています。近年はコンテナ輸送の市況が良くなかったこ

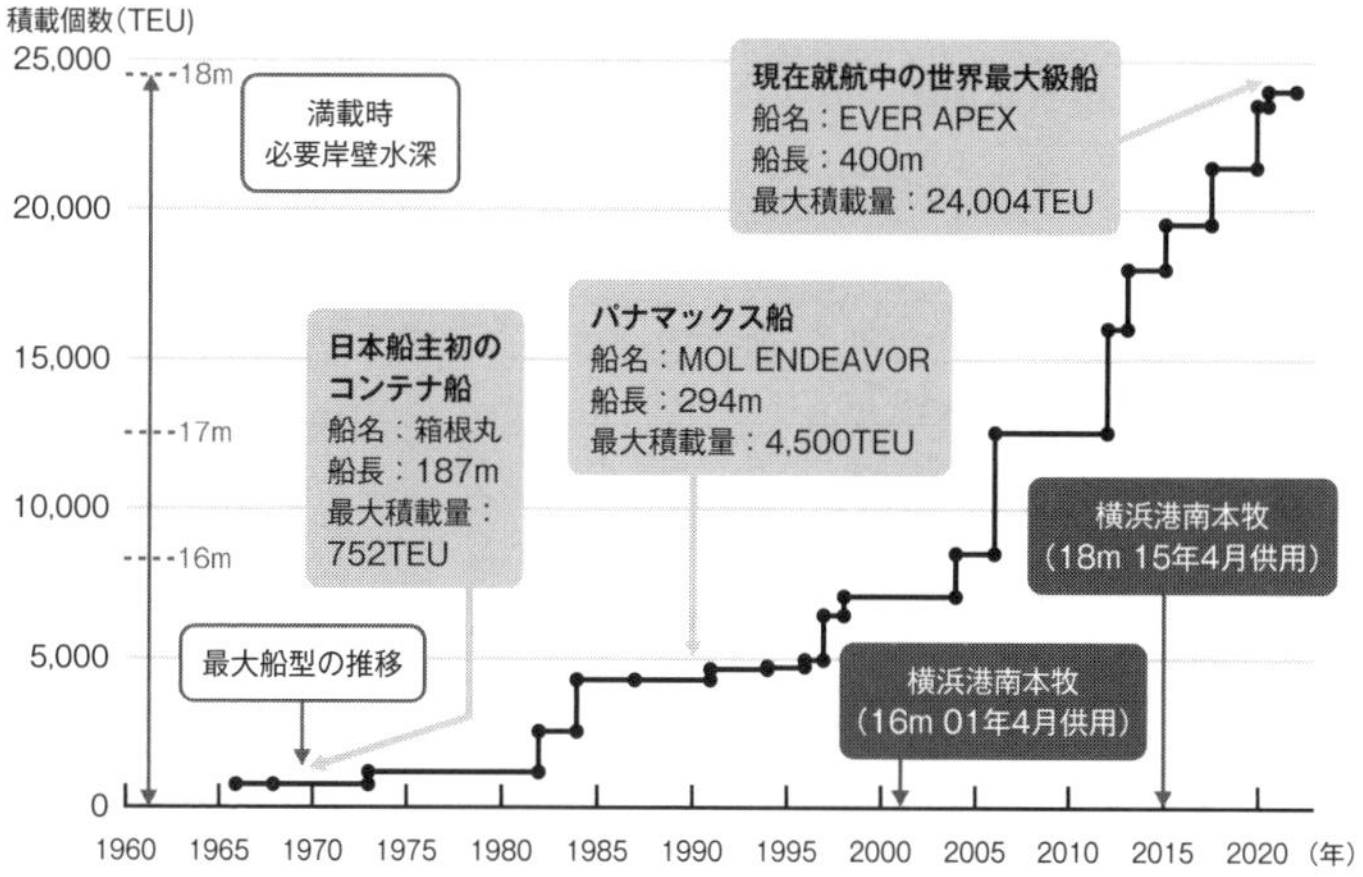


図2-6：コンテナ船の最大船型の推移
出典：国土交通省（2023）"港湾・海運を取り巻く状況"新しい国際コンテナ戦略港湾政策の進め方検討委員会（第1回）資料2

ともあり、船舶の発注が控えられたため、船腹量の伸びは２０２２年前半まではあまり見られていませんでした。しかし、２０２０年後半以降の荷動き回復と市況改善を受けて、船舶発注が大幅に増え、２０２２年後半からは大型船を中心に船舶の増加が始まっています。

コンテナ船も含め、一般に船舶は一回の運航でたくさん荷物を運べたほうが、貨物一つ当たりの減価償却費や船員費、燃料費、入港料を少なくできます。船舶の積載量が2倍になっても船に必要な原材料が倍増することはありませんし、運航にかかる船員の数は大きく変わりません。したがって船舶が大きいと、コンテ

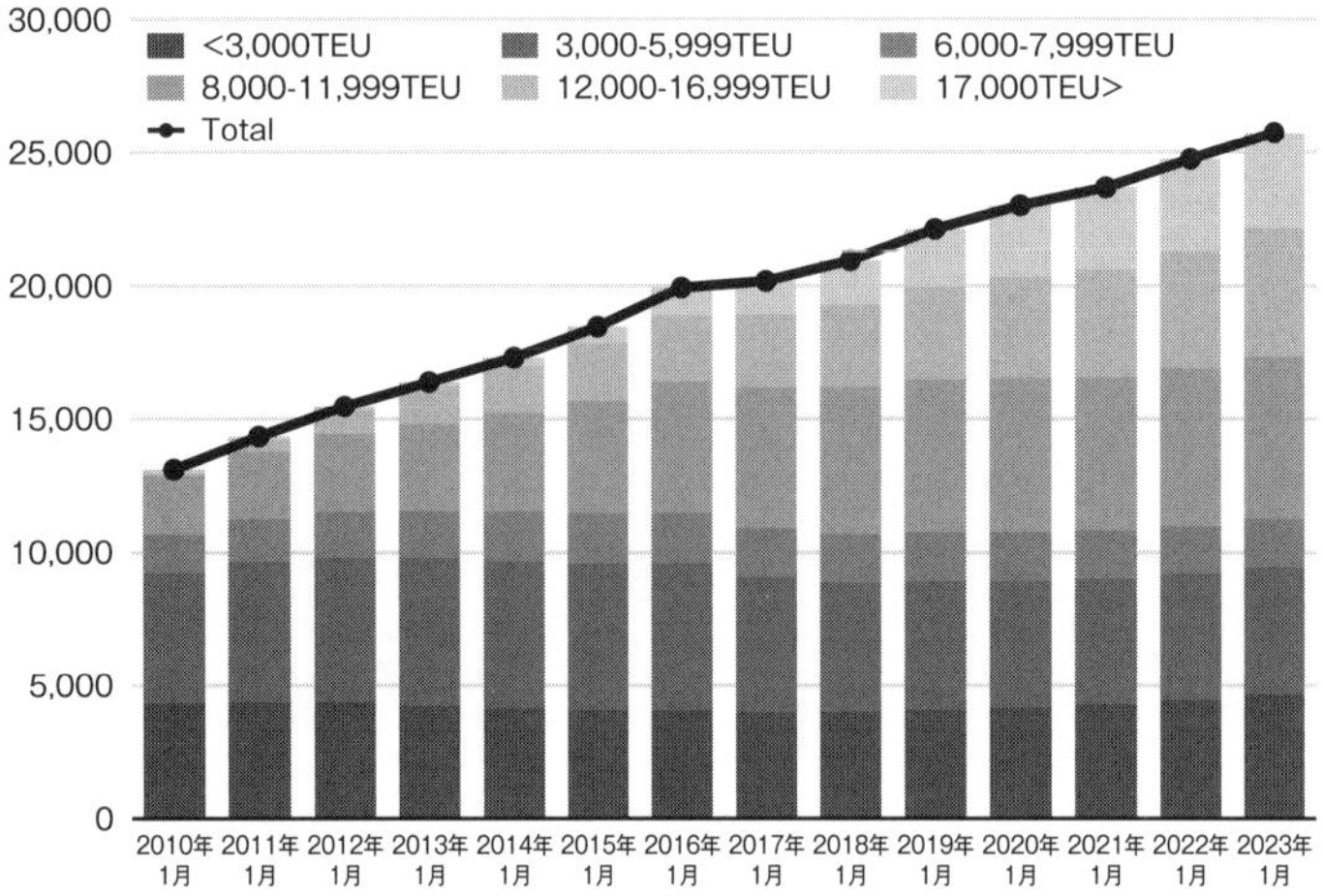


図2-7：1月時点におけるコンテナ船の船型別の船腹量
データ出所：Clarksons Research

ナ輸送サービスを提供することによる利潤を増やせます。そのため、建造や運航が技術的に可能であり、運ぶ荷物を確保できる場合には大きい船を用いることが好まれるのです[19]。

【図2-6】は、その年代における最大積載容量ないしは最大船型をTEUで示したものです。1990年代に入るまでは拡張前のパナマ運河を通航できる「パナマックス」と呼ばれるサイズが最大船型で5000TEUでしたが、1990年代からはパナマックスより大きな船舶が就航し始め、2006年には10000TEUを超える船が就航しました。2010年代には最大船型が20000TEUを超え、現在の最大船

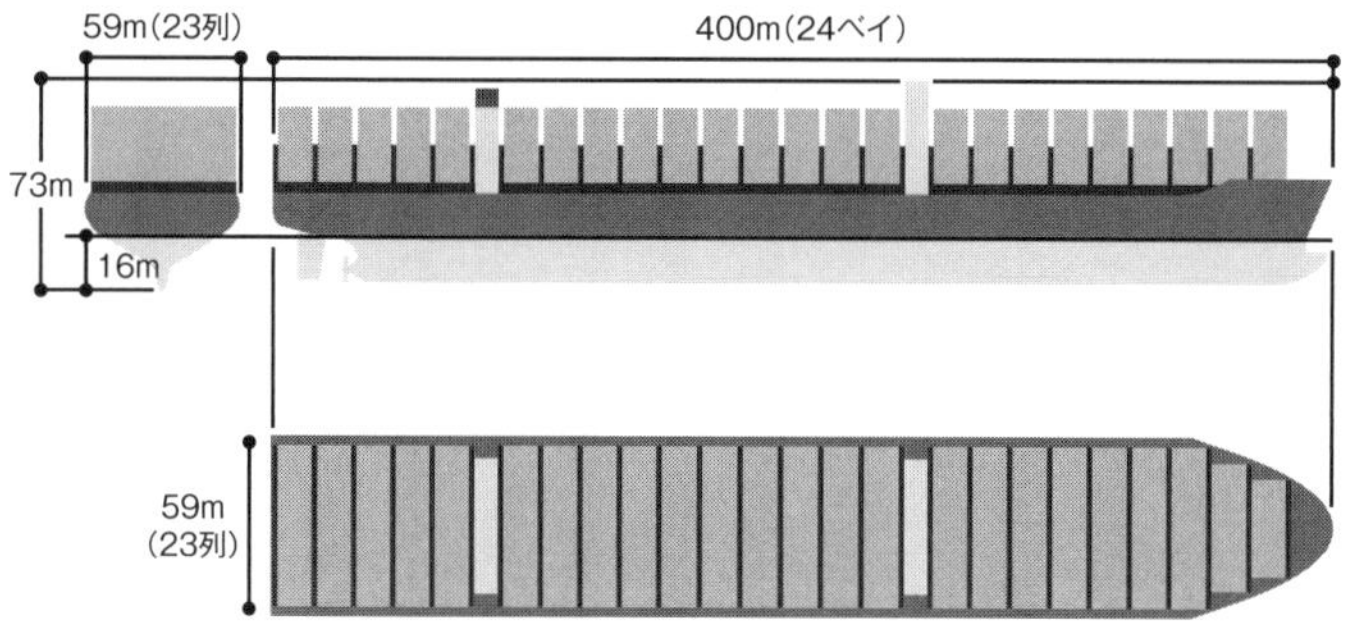


図2-8：20,000TEUクラスのコンテナ船の大きさ
データ出所：ITF/OECD(2015)"The Impact of Mega-Ships"

型は約24000TEUです。

【図2-7】は毎年1月時点におけるコンテナ船の船型別の船腹量を示しています。この図を見ると2010年から2022年まで7999TEUよりも小さい船の船腹量は大きな変化がないことがわかります。一方、8000TEUを超える船舶の船腹量は年々増加しています。近年、コンテナ船では8000TEU以上の大型船、なかでも10000TEU~15000TEUクラスの船舶と20000TEUを超える船舶が、それより小さい船では5000TEU以下のものが多く建造されています。小さい船は、古くなったものを売船やスクラップに回した後で新しい船と入れ替える更新が中心です。

ちなみに、２０００ＴＥＵ級の船舶の大きさを示したのが【図２-８】です。長さは４００メートル、幅は59メートルで喫水は16メートルに及びます。船の高さは73メートルで、ここに縦に40フィートコンテナ24個分、横には23列のコンテナが置かれます。また、図にもある通り、甲板の上の部分にもコンテナが積み込まれます。

## コンテナ輸送の「単位」と「重量満船」の話

ここまでもたびたび登場していましたが、コンテナ輸送では、ＴＥＵ（Twenty-foot Equivalent Unit）と呼ばれる、長さ20フィート（約6メートル）のコンテナに換算したコンテナの個数が輸送量や船腹量[20]の単位として採用されています。

通常、20フィートコンテナ1個分の貨物が１ＴＥＵ、40フィートコンテナや40フィートハイキューブコンテナ1個分の貨物は２ＴＥＵと換算されます。たとえば、２０２２年にアジアから米国へ運ばれた貨物量は２１１２万ＴＥＵでした（(公財)日本海事センター調べ）。

２０２２年夏現在でもっとも大きなコンテナ船の船腹量は２４０００ＴＥＵですが、船腹量が２４０００ＴＥＵの船であっても多くの40フィートコンテナを運ぶため、実際に積むコンテナの個数が２４０００個ということにはなりません。

では貨物が全部20フィートコンテナであれば必ず2万４０００個を積めるのかといえば、そうではありません。重量の問題があるからです。

一つのコンテナの中に入っている貨物の重さはまちまちです。鉄鋼や穀物、古紙など重量勝ちの品目が入っていればコンテナ１個の重量が大きくなり、20トン近くになるものもありますし、木材や電化製品、綿、衣類など体積勝ちの品目が入っていれば軽くなります。すべての品目をひっくるめて平均すると１ＴＥＵあたりの重さは10トン前後です。

そしてそれぞれの船には、運べる貨物（と燃料や乗組員）の重さに限度があります。この限度を「載貨重量トン」と呼びます。２０２２年に竣工されたエバーアロット号の場合、船腹量は２４０００ＴＥＵですが、載貨重量トンは24万１０００トンです。重量勝ちの品目ばかりを積んでいると、運べるコンテナの数にはまだ余裕があっても、載貨重量トンにひっかかってしまう「重量満船」が発生します。エバーアロットの場合は積載している貨物が１ＴＥＵあたり10トンを超えてしまうと重量満船となるわけです。重量満船が発生した場合、他の荷物や空コンテナを船に積み込むことができなくなり[21]、貨物輸送や空コンテナの回送が遅れる原因となります。

## コラム3 コンテナ輸送の統計

コンテナ輸送量のデータはさまざまな企業や団体が発表しているものの、多くは有料です。日本国内で無料のデータを入手したい場合は、まずは（公財）日本海事センターのウェブサイト（http://www.jpmac.or.jp/relation/index.html）を訪れるのがおすすめです。北米航路、欧州航路、日中航路（日本・中国間）、アジア域内航路の輸送量データを毎月発表しています。

同センターが北米航路のデータに使用しているのは米国の通関データを集計したPIERSデータであり、日本からインドまで含むアジア諸国と米国の間のコンテナ輸送量を知ることができます[22]。約一か月遅れの数値が発表されています。同航路のデータは、前身の団体である（財）海事産業研究所の時代から発表を続けており、1990年代からの過去データも海事図書館で確認できます。ちなみに、同じく米国の通関データを集計したデカルト・データマイン社のレポート内容は専門誌などで発表されていますし、同社日本法人のFacebookでも見ることができます。

欧州航路は英国のContainer Trades Statistics（CTS）社が発表しているデータを

使用しています。極東ロシア（ウラジオストクなどの地域）、日本からミャンマーまでのアジア諸国と、スエズ運河を越えた地中海側の北アフリカから（欧州側の）ロシアまでの欧州諸国の間の航路のコンテナ輸送量を毎月発表しています。こちらは二か月のタイムラグがあります。同社が発表するデータは海運会社から集計したデータと推計データを組み合わせたものです。

なお、日中航路は財務省が発表している貿易統計のうち、海上コンテナ輸送による貿易項目から推計したトンベースの輸送量[23]を（公財）日本海事センターが発表しています。こちらも二か月遅れです。アジア域内航路はCTS社の発表数値を示したものです。

## コラム4　コンテナ運賃の統計[24]

コンテナ運賃についても輸送量と同じくいくつものデータがあります。基本的には一回限りの輸送に適用されるスポット運賃を中心に発表されています。まずは輸送量と同じく、（公財）日本海事センターのウェブサイトを参考にするとよいでしょう。北米航路、欧州航路、日中航路、アジア域内航路の運賃データを毎月取りまとめて発表しています。

代表的な運賃データは中国発の運賃データです。ここでは、代表的な二つの運賃指標を紹介します。上海航運交易所が発表しているＳＣＦＩ（上海コンテナ運賃指数）と、ＣＣＦＩ（中国コンテナ運賃指数）という指標で、毎週金曜日午後に発表されています。同所はほかにもいろいろな運賃を発表しているものの、参考にされるのは主にこの二つです。**中国発主要航路の運賃データが重視されるのは、貨物量が多く参考にする人が多いことに加え、海運会社にとっても売り上げの柱となっている航路であり、世界中の航路の中でも重要度の高い情報である**ことが理由です。

ＳＣＦＩは上海港発のコンテナ運賃指数であり、２００９年10月16日の運賃水準を１０００と置いたうえで各地域向けの運賃を加重平均した総合指数に加えて、北欧州、シンガポール、釜山など13港向けの20フィートコンテナ当たりスポット運賃、北米西岸、北米東岸向けの40フィートコンテナ[25]当たりのスポット運賃を毎週公表しています。総合指数は上海航運交易所のウェブサイトに示され、それ以外のデータも海運業界紙などで発表されています【図２-９】。コンテナ１個当たりの運賃がドル表記で示されていてわかりやすいことから、海運・物流業界ではＣＣＦＩよりもＳＣＦＩを参考にするほうが多いです。

なお、スポット運賃は中国内外の海運会社22社とフォワーダー26社が報告するデー

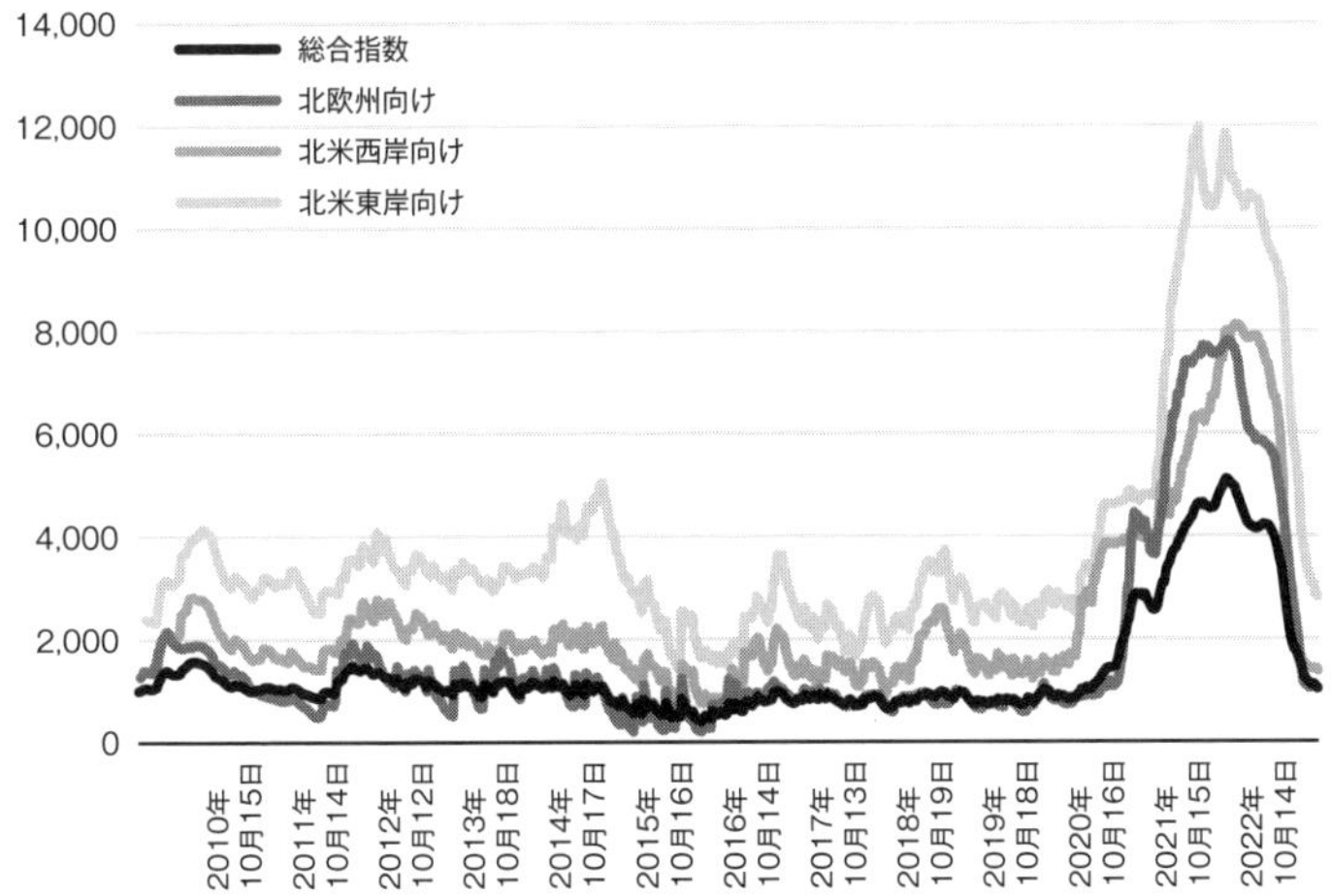


図2-9：SCFIの推移（2009年9月〜2022年12月）
出典：上海航運交易所

タにもとづいています。この運賃には、燃料価格が上昇したときに賦課される燃油代金調整金（ＢＡＦ）、為替レートの変動に合わせて徴収される為替レート調整係数（ＣＡＦ）や、貨物が集中する時期の追加料金であるピークシーズンサーチャージ（ＰＳＳ）などが含まれる一方、発着港湾において船からの揚げ下ろしにかかる費用であるターミナルハンドリングチャージ（ＴＨＣ）は含まれていません。

もう一つのＣＣＦＩは中国発のコンテナ運賃指数です。上海港以外にも天津港や広州港など中国の主要

10港から出発する貨物の運賃が考慮されたものです。運賃情報は、国内外の海運会社22社による委員会によって収集されています。こちらはSCFIより歴史が古く、1998年1月1日を1000とした運賃指数を毎週公表。各地域向けの運賃を加重平均した総合指数と日本、欧州、北米西岸、北米東岸など13港向けの運賃指数が発表されています。また、SCFIと異なり、スポット運賃と、一定期間にわたって輸送を行う際の運賃である契約運賃の両方が含まれています。

ほかには、英国のDrewry社が港湾間、地域間の月次コンテナ運賃を詳細に発表しています（日本海事センターの運賃発表はDrewry社の発表をベースにしています）。また、香港のフォワーダーであるFreightosも主要航路の運賃指数を毎日発表していますし、ノルウェーのXeneta社による主要航路のコンテナ運賃指標やCTS社による地域間のコンテナ運賃指標も知られています。

## コラム5　マイナス運賃

コンテナ輸送ではゼロ運賃、マイナス運賃なるものがかつて存在していました。中国から日本向けのコンテナ航路での話です。

このコンテナ航路は距離が短い上に参入している中小船社が多いことが知られてい

ます。とくに2008年の金融危機後は急激な輸送需要減少に見舞われたため、運賃値引き競争が激化しました。その際に、中国から日本への運賃分をゼロやマイナスにするゼロ運賃、マイナス運賃が横行したのです[26]。もちろん、海運会社は運賃以外の諸手当を荷主から徴収するため、マイナスといっても海運会社が荷主にお金を支払うわけではありません。実際にはターミナルでの荷役手数料などをマイナス運賃の分だけ割り引く形になります。

中国の交通運輸部はゼロ運賃やマイナス運賃がしばしば発生する状況を問題視していました。過剰な割引への対策として2009年8月からはコンテナ船の事業者に対して輸出コンテナ貨物の運賃の上限と下限の届出を義務付けるコンテナ運賃届出制度を実施。違反可能性がある場合は交通運輸部による調査や罰則も課されることとなったのです。

しかしながら、2014年ごろにはふたたび中国発貨物でゼロ運賃やマイナス運賃が発生。これを受けて交通運輸部は運賃届出制度を厳格化し、海運会社に対して行政処分も行いました。最終的には2016年に地元当局などの指導によって上海港発の日本航路で船社ごとの輸送量に制限を設けるスペース割当制が導入されたことで、ゼロ運賃が解消されるに至っています。

# 一体何が、どれくらい、運ばれているのか

ここまでで、コンテナ輸送の形態や航路、船舶や港湾を見てきましたが、では実際にどのようなものがコンテナに詰められて運ばれているのでしょうか。**商品の単価が上がっていくとコンテナ輸送される比率が上がっていく傾向**があります[27]が、運ばれている品目は、【写真2-6】にあるような花火から、食品、原材料、リサイクル品まで多種多様です。以下では、主要なコンテナ航路である北米航路とアジア域内航路における直近の輸送品目を見ていくことにしましょう。

## アジアから米国へのコンテナ貨物

どのような品目がコンテナで運ばれているのかを見るために、まずは世界でも代表的な航路である北米往航の品目別輸送量を確認してみます。

【表2-3】は、2022年6月に、**アジアから米国に輸送されたコンテナ貨物の品目別輸送量**を示しています（アジアから欧州向けの品目にも似た傾向があります）。**第1位になってい**

写真 2-6：花火を積んだコンテナ
出典：https://ja.m.wikipedia.org/wiki/file:Maersk_container_with_Fireworks.jpg

**るのは「家具、寝具など」で20％近くのシェア**を占めています。ホームセンターなどで販売される棚やベッドから、カーテンレールのようなものが該当します。家具のように生産過程が労働集約的で、容積の大きい品目はコンテナ輸送が得意とする品目です。これらは中国やベトナムから欧米への主力輸送品目です。

　第4位の「プラスチック及びその製品」にはブラインドなどが含まれており、第14位の木材には建築用の木材や床材、第16位の「ガラス及びその製品」には窓ガラス、第20位の「石材、セメント製品など」には庭石や壁材などが入っています。**いずれも住宅を建てる際や、引っ越しやリフォームに付随して購入さ**

**れる品物です。そのため、これら品目の需要や輸送動向は住宅市場の状況に大きな影響を受けるわけです。**

第2位の「機械類」は工業用機械から汎用機械などさまざまな機械が含まれ、一様の動向はありません。

第3位の「繊維類及びその製品」は、主にアパレル製品のことを指しています。中国などで生産されたものはもちろんですが、バングラデシュやインドなどで生産されたファストファッション[28]向けの製品が米国東岸の港を経由して運ばれていきます。アパレル関係の品物としては、第9位の「履物、帽子、傘、つえ、調製羽毛など」や、12位の「皮革及び毛皮並びにこれらの製品など」も挙げられます。これらの品目は輸入国の消費動向に大きな影響を受けるものです。

第5位の「電気機器、ＡＶ機器など」もよくコンテナで運ばれる製品です。**電気製品のうち小さくて高価なもの、たとえば携帯電話のようなものは飛行機を使って運ばれることが多い**ものの、半導体検査機器や洗濯機、テレビなどのように大きな機械や電化製品は、大きさの問題から航空輸送を使うことができないため、コンテナ船を使って運ばれているのです。またゲーム機は発売日を控えていたり、発売直後であったりすると飛行機を使う

| | HSコード | 品目名 | 荷動き量 | 前年比 | シェア |
|---|---|---|---|---|---|
| 1 | 94 | 家具、寝具など | 337,083 | -3.2 | 17.6 |
| 2 | 84 | 機械類 | 189,728 | 10.6 | 9.9 |
| 3 | 50-63 | 繊維類及びその製品 | 183,916 | 14.5 | 9.6 |
| 4 | 39 | プラスチック及びその製品 | 150,511 | 21.1 | 7.9 |
| 5 | 85 | 電気機器、AV機器など | 134,074 | 0.6 | 7 |
| 6 | 95 | 玩具、遊戯用具、スポーツ用品 | 113,333 | 32.8 | 5.9 |
| 7 | 87 | 自動車部品など | 103,174 | -4.8 | 5.4 |
| 8 | 40 | ゴム及びその製品 | 82,496 | 31.3 | 4.3 |
| 9 | 64-67 | 履物、帽子、傘、つえ、調製羽毛など | 75,911 | 50.7 | 4 |
| 10 | 73 | 鉄鋼製品 | 73,888 | 1.8 | 3.9 |
| 11 | 16-24 | 調製食料品、飲料、アルコール、食酢など | 54,843 | 23.5 | 2.9 |
| 12 | 41-43 | 皮革及び毛皮並びにこれらの製品など | 45,991 | 128.9 | 2.4 |
| 13 | 47-49 | 木材パルプ、古紙、板紙など | 40,898 | 41.6 | 2.1 |
| 14 | 44-46 | 木材 | 30,094 | 9 | 1.6 |
| 15 | 78-83 | 卑金属及びその製品 | 28,791 | 8 | 1.5 |
| 16 | 70 | ガラス及びその製品 | 27,580 | 18.4 | 1.4 |
| 17 | 6月14日 | 野菜、穀物、果実、採油用種子、茶など | 24,331 | 17.9 | 1.3 |
| 18 | 69 | 陶磁製品 | 23,470 | 34.4 | 1.2 |
| 19 | 76 | アルミニウム及びその製品 | 22,696 | -12.7 | 1.2 |
| 20 | 68 | 石材、セメント製品など | 17,898 | 25.5 | 0.9 |
| 上位20品目合計 | | | 1,760,707 | 13.1 | 92.1 |

表2-3：アジアから米国への品目別輸送量（2022年6月、単位：TEU）
データ出所：(公財)日本海事センター

ことが多いですが、発売からしばらく経つとコンテナ船を利用するようになります。

第6位の「玩具、遊戯用具、スポーツ製品」はコンテナでよく運ばれる品目のうち、季節性が強いことで知られています。クリスマスパーティやプレゼントに含まれる品目が多いためです。アジアから欧米向けの貨物は夏から秋にかけてクリスマス商戦向けのものが多く運ばれてピークを迎えます。そしてこれらの商品はアパレル関係と同様に輸入国側の消費動向に大きく左右される品目です。

これらの品目も労働集約的な製品であり、ほかの品目も含め、人件費の低いアジア諸国で組み立てられた商品がコンテナで運ばれる傾向があります。


第7位に入っているのが「自動車部品など」です。第8位の「ゴム及びその製品」にも自動車用タイヤが多く含まれており、自動車関連の品目と言っていいでしょう。このように自動車産業に関連した品目もコンテナ輸送で多く運ばれており、とくに日本からの輸出では主力品目となっています。自動車部品やゴム製品は現地工場での生産に使用されます。

自動車関係では、中古車や新車もコンテナで運びます。新車を運ぶ際によくみられるのが、組み立てを現地で行うためのノックダウン品として輸送するケースです。主要な構成部品をはじめから組み立て、ボディの塗装まで全工程を行うための部品セットがコンプ

| | HSコード | 品目名 | 荷動き量 | 前年比 | シェア |
|---|---|---|---|---|---|
| 1 | 47-49 | 木材パルプ、古紙、板紙など | 95,460 | -5.2 | 20.3 |
| 2 | 6月14日 | 野菜、穀物、果実、採油用種子、茶など | 67,065 | 0.3 | 14.3 |
| 3 | 16-24 | 調製食料品、飲料、アルコール、食酢など | 46,189 | -9.8 | 9.8 |
| 4 | 50-63 | 繊維類及びその製品 | 34,293 | 30.1 | 7.3 |
| 5 | 39 | プラスチック及びその製品 | 33,172 | 12.1 | 7.1 |
| 6 | 1月5日 | 肉及び食用のくず肉、酪農品、魚介類など | 32,651 | -3.2 | 7 |
| 7 | 44-46 | 木材 | 24,122 | -35 | 5.1 |
| 8 | 72 | 鉄鋼 | 18,686 | -16.5 | 4 |
| 9 | 76 | アルミニウム及びその製品 | 14,211 | 41.3 | 3 |
| 10 | 87 | 自動車部品など | 10,925 | -3.1 | 2.3 |
| 11 | 84 | 機械類 | 10,425 | 14.7 | 2.2 |
| 12 | 38 | 各種の化学工業生産品 | 9,751 | -5.6 | 2.1 |
| 13 | 25 | 塩、硫黄、土石類、石灰及びセメントなど | 7,767 | -19.7 | 1.7 |
| 14 | 28 | 無機化学品及び貴金属、希土類金属 | 6,904 | -3.7 | 1.5 |
| 15 | 41-43 | 皮革及び毛皮並びにこれらの製品など | 6,295 | 70.3 | 1.3 |
| 16 | 71 | 天然又は養殖の真珠、貴石、半貴石、貴金属及び貴金属を張つた金属並びにこれらの製品 | 4,913 | 1,645.2 | 1 |
| 17 | 40 | ゴム及びその製品 | 4,912 | 15.8 | 1 |
| 18 | 74 | 銅及びその製品 | 4,363 | -46 | 0.9 |
| 19 | 29 | 有機化学品 | 4,091 | -12.1 | 0.9 |
| 20 | 73 | 鉄鋼製品 | 4,078 | -17.9 | 0.9 |
| 上位20品目合計 | | | 440,273 | -2.5 | 93.8 |

表2-4：米国からアジアへの品目別輸送量（2022年6月）
データ出所：（公財）日本海事センター

リート・ノックダウン（Complete Knock Down; ＣＫＤ）と呼ばれ、エンジンなどがある程度組み立てられているタイプの部品セットはセミ・ノックダウン（Semi Knock Down; ＳＫＤ）と呼ばれています。日本ではノックダウン品の輸出が多いため、日本の貿易統計ではノックダウン生産による輸出についてＨＳコード[29]が割り当てられています。

## 米国からアジアへのコンテナ貨物

ここからは同じ航路のバックホール（帰りの航路）、米国からアジア方面（北米復航）の品目別コンテナ輸送量を見てみましょう。

【表２-４】は、２０２２年６月に、米国からアジアに向けて輸送されているコンテナ貨物の品目別輸送量です。アジアからの貨物に比べると、**米国からは食品や原料、リサイクル品といった品目が多くコンテナで運ばれる傾向**があります。欧州からアジア向けの品目も似通っています。また、第１章で述べたとおり、この方面の荷動きは少なく、インバランスが発生しています。

第１位の輸送品目は「木材パルプ、古紙、板紙など」で、なかでも古紙の輸送量がかなりの割合を占めています。近年中国では環境規制[30]が強化されており、選別済みの古紙が輸送されるようになっています。この古紙は運ばれた後に段ボールに再生されて、アジア諸国から輸出されるEコマースの商品などの梱包材に使われます。そのほか、第5位に「プラスチック及びその製品」があるものの、現在では廃プラスチックを運ぶことはほとんどなく、プラスチック原料が多くの割合を占めています。これらの原料はアジアで加工されて玩具や家財道具になり、ふたたび輸出されていくのです。**アジア諸国に原料が運び込まれて、加工されたうえで再び諸外国に輸送される流れ**が見て取れます。

　第8位の鉄鋼には鉄スクラップが多く含まれており、台湾や韓国、ベトナムなどで電炉による製鉄に用いられています[31]。第16位の「天然又は養殖の真珠、貴石、半貴石、貴金属及び貴金属を張った金属並びにこれらの製品」や、第18位の「銅及びその製品」にも、貴金属類のスクラップが含まれており、金属や貴金属を取り出した後に再利用されます。これらの品目はあまり目立ちませんが、コンテナ貨物の中ではかなり価値の高い品目です。

　米国からアジアに向けた輸送では食品類が多くみられます。第3位の「調製食料品、飲料、アルコール、食酢など」、第6位の「肉及び食用のくず肉、酪農品、魚介類など」を含め、食品類の輸送はコンテナ輸送の主力となっています。第2位の「野菜、穀物、果実、採油用種子、茶など」のなかには、序章で取り上げた大豆や飼料用の牧草が含まれていますが、バナナなどの果物や、スーパーで売られている冷凍食品やコンビニなどで売っている唐揚げや鶏肉、牛丼チェーンで使う牛肉などもコンテナを使って輸送されています。そのほか、**日本に輸入されるワインは、高級ワインやボージョレ・ヌーヴォー**[32]**用のものを除くと大半が海上コンテナで運ばれています。**

原料となる品目としてはたとえば、先述した「プラスチック及びその製品」が挙げられます。「繊維類及びその製品」には綿が多く含まれており、同じ品目名でもアジアからの貨物とは内容がだいぶ異なります。そのほか、第13位の「塩、硫黄、土石類、石灰及びセメントなど」や第14位の「無機化学品及び貴金属、希土類金属」、第17位の「ゴム及びその製品」や第19位の「有機化学品」も原料に該当します。「木材」も米中貿易摩擦のあおりを受けて米国からの輸出量が少なくなっているものの、アジアに輸出されて家具を作るのに用いられています。

## アジア域内航路のコンテナ貨物

【表2-5】は日本からASEANに至るアジア域内の品目別コンテナ輸送量を示しています。成型前のプラスチック、有機化学品、鉄鋼のフラットロール製品をはじめ、原材料となる品目が上位に多く見られます。アジア域内では工程間分業が多く行われ、完成した製品が欧米に輸出されていることを反映しています。

| 品目 | 輸送量 |
|---|---|
| 成型前のプラスチック | 2,840,289 |
| 有機化学品 | 1,329,229 |
| 家具（マットレスサポート、寝具を含む）、プレハブ建築物 | 1,294,750 |
| プラスチックおよびその成形品 | 1,206,887 |
| 鉄鋼のフラットロール製品 | 911,043 |
| 木材（燃料用木材を含む） | 860,024 |
| 分類不明品目 | 711,173 |
| 無機化学品 | 654,855 |
| ガラスおよびガラス製品 | 609,145 |
| ベニヤ板、合板、パーティクルボードなど | 597,516 |
| 化学製品 | 551,221 |
| 自動車部品 | 550,446 |
| 新聞紙、非塗工紙、板紙（印刷用紙を除く） | 528,726 |
| 鉄鋼製品 | 513,043 |
| 印刷用紙 | 492,610 |
| 塩、硫黄、土、石、石灰、セメント | 488,229 |
| セラミック製品 | 481,805 |
| 鉄鋼 | 454,182 |
| 一般産業機械 | 449,984 |
| ゴム製品、ゴムの廃棄物およびスクラップ | 433,206 |
| 上位20品目合計 | 15,958,363 |
| 全品目合計 | 34,806,532 |

表2-5：アジア域内航路の品目別コンテナ輸送量（2021年）
出典：(公財)日本海事センター

## 牧草が米国からコンテナで運ばれる理由――インバランス

コンテナ船はあらかじめ発表したスケジュールに従って定期的に特定航路を運航し、タンカーやばら積み船は海運会社がそれぞれの荷主と輸送契約を結んで貨物を運びます。前者は定期船（Liner）、後者は不定期船（Tramper）と呼ばれることがあり、バスで言えば路線バスと観光バスの違いに近いといえます。

**コンテナ船は、寄港する港を環状につないで運航します。山手線や大阪環状線のようにぐるぐる回っている様子をイメージするとよいかもしれません。**この運航ルートのことをループと呼んでいます。

【図2-10】はONEが2022年秋に運航していたPS5ループの案内図です（コンテナ船社のホームページにはこれと同じようなループの一覧が示されていますので興味のある方は訪れてみてください）。この案内図によると、PS5は上海を出発し、寧波に立ち寄った後、まずロサンゼルスまで向かいます。北上してオークランドに寄港してから東京に寄り、上海へ戻ります。米国に向けて中国からの輸出貨物を運ぶ一方、日本の荷主に対して米国からの輸入

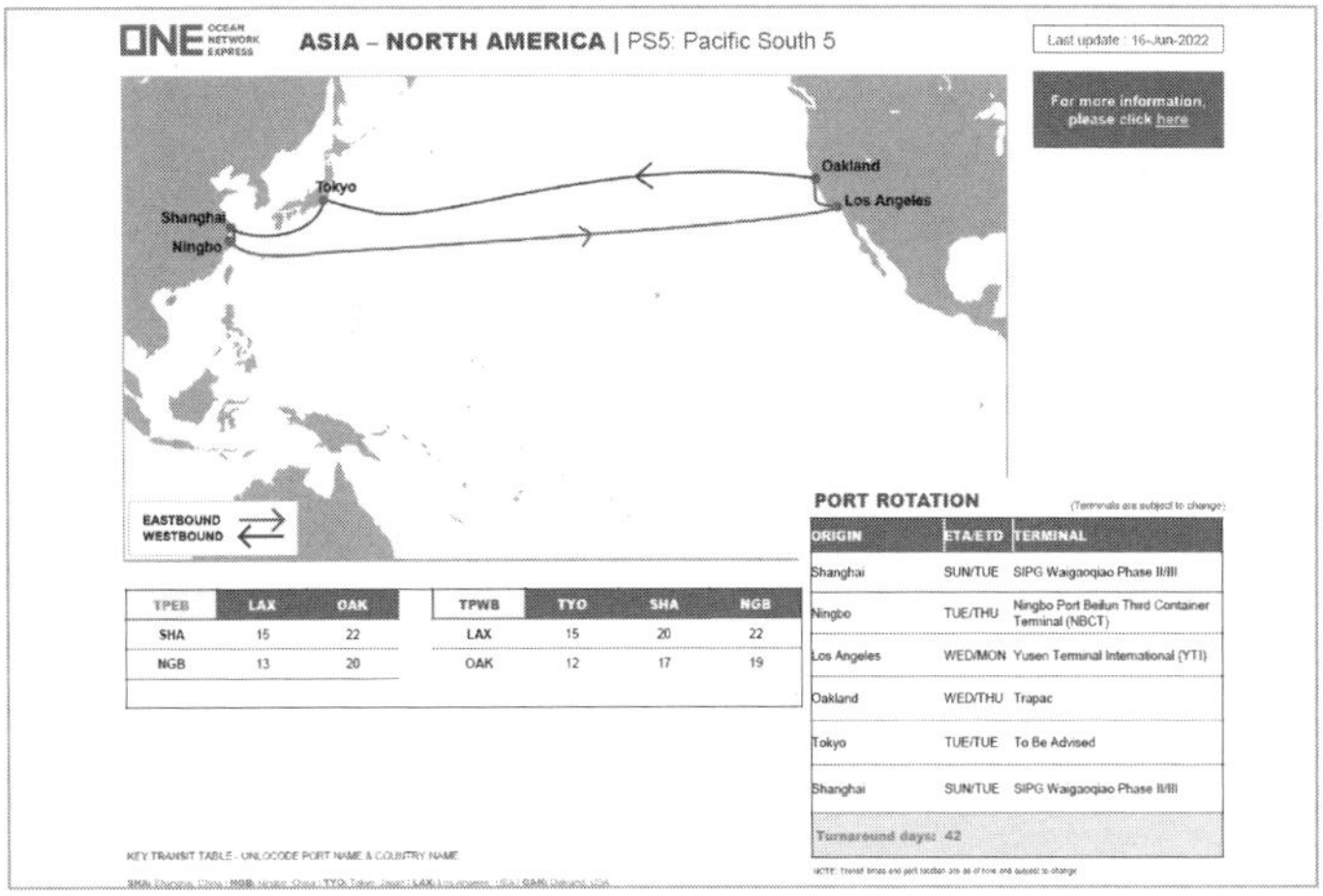


図 2-10：ONE の北米航路ループの図
出典：Ocean Network Express ウェブサイト

貨物を運ぶループです。

少し見にくいかもしれませんが、図には「ロサンゼルス（LAX）から東京（TYO）は15日かかる」こと、「毎週火曜日に東京のターミナルに到着し、その日のうちに出港すること」が記載されています。また、「東京の到着ターミナルはその都度変わる」こと、「ループを1周するのにかかる（予定）日数が42日であること」も示されています[33]。

コンテナ船では、**荷主の数が多く、あらかじめ決められたスケジュールを守る必要性が高い[34]ため、船が満船でなかったとしても出港しなければなりません。**そのため、ある方向の航路と、逆の航路の間で貨物量が均衡しない状態が生じることがあります。これがインバランスです。

インバランスが発生すると、コンテナの箱が戻らず、箱をふたたび貨物輸送に使うことができなくなります。箱不足に陥る地域が出てくるわけです。

そうならないようにするためには、空コンテナであっても、もとの地域まで戻す必要があります（不定期船でもインバランスは存在するものの、コンテナ船の運航より不定期船の運航のほうが、荷物が集まるまで待つ時間を確保できたり、荷物のある地域に寄ることができるなど柔軟性があるため、船会社やオペレーターにとっては対処しやすいと言われています[35]）。

【表2-6】に見られるように、地域間輸送における2021年のインバランスは4466万TEUに達しています。アジアとの間の航路ではとくにインバランスが多く、北米航路では1741万TEU、欧州航路では932万TEUにのぼります。

地域内航路についても、2021年中に日中航路で117万TEUのインバランスが発生しています[36]。日本はコンテナ貨物の輸入が多いため、中国との間だけでなく韓国や米国、欧州との間でも輸入超過の形でインバランスが起こっているのです。

この問題は急に降ってわいたことではなく、コンテナ輸送が始まってからあまり時間の経っていない1970年代からすでに広く認識されていました。しかも、1990年代後半からインバランスは世界的に増大傾向にあります。これは、世界の生産ネットワークの

| 航路 | 往航輸送量 | 往航の起点 | 復航輸送量 | インバランス |
|---|---|---|---|---|
| アジア―北米（北米航路） | 23,783,312 | アジア | 6,377,696 | 17,405,616 |
| アジア―欧州（欧州航路） | 17,068,801 | アジア | 7,750,954 | 9,317,847 |
| アジア―南アジア、中東 | 7,821,416 | アジア | 3,005,261 | 4,816,155 |
| アジア―南米 | 4,478,595 | アジア | 1,968,679 | 2,509,916 |
| アジア―南部アフリカ | 3,083,641 | アジア | 1,273,233 | 1,810,408 |
| 欧州―北米（大西洋航路） | 5,627,820 | 欧州 | 2,685,655 | 2,942,165 |
| 欧州―南部アフリカ | 2,216,409 | 欧州 | 879,777 | 1,336,632 |
| 欧州―南アジア、中東 | 3,712,151 | 欧州 | 3,253,425 | 458,726 |
| アジア―オセアニア | 2,799,743 | アジア | 1,616,274 | 1,183,469 |
| 北米―南米 | 2,957,912 | 北米 | 2,683,645 | 274,267 |
| 欧州―南米 | 2,207,436 | 南米 | 2,110,862 | 96,574 |
| そのほか | 5,835,463 | | 3,328,728 | 2,506,735 |
| 地域間航路合計 | 81,592,699 | | 36,934,189 | 44,658,510 |

表2-6：地域間航路のコンテナ輸送量（2021年、単位：TEU）
出典：Container Trade Statistics

**構造が変わって、グローバルな分業体制が確立した**ことが理由です。欧米諸国の輸出が低迷する一方、中国を中心としたアジア諸国での生産が増加して輸出が増えた結果、インバランスは膨れ上がっていったのです。

たとえば、1996年時点で北米航路のインバランスは航路全体の輸送量の12・5%でした。これが2005年には47・7%、コロナ禍前の2019年では44・0%、2021年には57・7%にまで拡大しています。

インバランスが発生すると、空コンテナを回送する手間が発生します。この費用はリポジショニングコストと呼ばれており、通常は船会社が負担します[37]。コストは莫大で、米ホフストラ大学のジャンポール・ロドリグ教授は**海運会社が支払うリポジショニングコストは約160億米ドル、コンテナ管理コストの15%に相当する**と試算しています。ボストン・コンサルティング・グループも、コンテナ船社の運航費の5~8%がリポジショニング費用であり、海運業界全体の負担は150~200億米ドルに達するとの試算を発表しています。2021年度における日本郵船の総売上高が2兆2807億円ですので、リポジショニングコストの規模の大きさは決して侮れないものであることがおわかりいただけると思います。

## 〝空コンテナを回送しないといけない問題〟どう解消する？

リポジショニング問題を少しでも解決するため、輸入国側から戻したいコンテナに詰めるための貨物の集荷が行われています。たとえば、米国からアジアに向けて古紙や廃プラスチック、鉄スクラップ、木材、大豆、パルプ、プラスチック原料などの品目が運ばれているのがそうです（欧州からアジアに向けても同様の品目が輸送されています）。このインバランス解消のための穀物のコンテナ輸送は、遅くとも1970年代には始まっていました。

ここで問題になるのは運賃です。右に挙げた古紙や木材、穀物などの貨物はキログラム当たり単価が低い品目です。これはつまり、販売価格に対する輸送コストの比率が高く、運賃上昇の影響を大きく受ける品目であることを意味します[38]。その上、そもそもコンテナ輸送はばら積み船での輸送より運賃が高いという問題があります。

2017年12月の数字で比較してみます。28000トンのバルク貨物（包装されていないばら積み貨物）を米国西岸から横浜港まで運ぶと、ハンディサイズバルカー航海契約用船料が9508ドル／日・隻ですので、航海20日での運賃は荷役料を除いて6・8ドル／トンになります。一方、40フィートコンテナで運んだ場合、運賃は1個678ドルであり、横浜港での荷役料を除いて27・1ドル／トンと、ばら積み輸送の約4倍に跳ね上がります[39]。また、貿易手続きにかかる費用も、一回で手続きが済むばら積み輸送に対して、コンテナ輸送では通常複数回にわたって実施されます。そのため、通関手続きや検査にかかる費用もコンテナ輸送のほうが高くなるのです。

この問題に対処するため、**海運会社は帰り荷の荷主に割安運賃を適用**しています。筆者が米国の物流会社の方にインタビューした際、北米復航では1980年代の時点で、バルク貨物のコンテナ輸送については、船員費や燃料費、寄港料など運航にかかるコストを賄えればよいという発想で安い運賃をオファーしていたと聞きました。コンテナ回送の代わりに運賃を極端に低くして貨物を運んだり、リーファーコンテナでも電源を入れずにドライコンテナと同じようにして運用する（リーファーアズドライと呼ばれます）ことで運賃を安くしてリポジショニングコストを賄ったとのことです。この場合、輸送1回当たりで採算がとれるかどうかは基準にしていません。**「行き」の貨物輸送と「帰り」の貨物輸送を合わせた運賃が利潤最大化の点から望ましいかどうか**が判断材料[40]になります。

このような発想のもとでコンテナ輸送が進められてきた品目の一つに牧草があります。牛を育てるための牧草などの日本における粗飼料自給率は2018年時点で76％[41]であり、2割強を輸入に依存しています。地域別に見ると、北海道では牧草の自給率は高いものの、本州や九州では輸入に頼る割合が大きくなっています。背景には、一戸当たりの飼育頭数が増加する傾向にあり、飼料の自家生産に割く労力の不足があると言われていま

写真 2-7：牧草をプレスする圧縮機
写真提供：Border Valley Trading

写真 2-8：ばらで牧草を詰めたコンテナ
写真提供：El Toro Export

す。なかでも畜産の盛んな九州地方への牧草の輸送は多く、博多港や志布志港を中心に荷揚げが行われています。

コンテナで運ばれる牧草は通常、圃場《ほじょう》で直方体にまとめられて、紐で束ねられます。梱包形式には、海外からの輸送費を抑えるために圧縮機【写真2-7】で強く圧縮したダブルプレスベール（ダブルコンプレスベールという呼び方もあります）、牧草の品質を重視して適度に圧縮したシングルプレスベールなどがあります。シングルプレスベールは競走馬用、ダブルプレスベールは乗馬用、牛用として流通しているようです。ビニールラップで牧草のベールをいくつかひとまとめにしたものをラップベールと呼び、まとめていないものをばらと呼びます【写真2-8】。

牧草の輸入元としては、米国が6割強、オーストラリアが2割、カナダが1割を占めており、いずれも海上コンテナを使って運ばれているのです。

ちなみに、まだコンテナ輸送に転換できる可能性があると考えられるものの、現状ではばら積み船での輸送が多い「穀物」、「化学製品」など101品目をみると、2017年時点でコンテナ化されていない海上輸送量が計19・6億トンありました。このうち3％をコンテナ輸送に転換すると294万TEUの貨物を増やすことができます。もしそうした取り組みが実現されれば、【表2-6】で示されたインバランスの1割弱ではありますが、海運会社全体では数千億円単位で回送費用の一部を回収できることになります。

## 海運企業にはどんなところがある？

本章の最後に、日本と世界にある主な海運企業を紹介します。海運企業ごとに使っているコンテナのデザインが違いますので、どこかでコンテナ船を見かけた際の参考にしてみてください。

まず日本ですが、我が国では「邦船三社」と呼ばれる日本郵船、商船三井、川崎汽船の3社が代表的な外航海運企業です。日本にはかつて主要船社が12社ありましたが、1964年に行われた「海運集約」によって、中核6社に集約された歴史があります。その後、1980年代から90年代にかけてさらに合併・統合が進み、主要船社としてこの3社が並び立つ現在の形となりました。

世界の大手外航船社の多くは船種を限って事業を進めており、基本的にはコンテナ輸送専業を担っています。一方で**邦船三社は、タンカーやばら積み船、自動車専用船での不定**

**期船業なども並行して運営する「デパート型」経営に特徴**があります。デパート型経営は、異なる船種の市場の変動リスクを吸収できる利点を持っています。ただ、これまでコンテナ船部門は収益性が高くなかったことから投資が抑えられていたため、規模で外国の会社に劣後する原因ともなりました。いまではコンテナ船部門を三社から分離して、統合させています。

以下では、コンテナ船部門の主要企業9社と、外国との間でコンテナ輸送を行う国内企業2社を簡単に紹介します。主要コンテナ海運会社は現在アライアンスを組んでいますので、以下、社名に続き本社所在地の他、所属アライアンス名を示します。

## ONE(シンガポール/ザ・アライアンス)

邦船三社は、2017年にコンテナ船事業を統合してOcean Network Express(ONE)をシンガポール[42]に設立、2018年から営業を開始しました。同社に対する出資比率は日本郵船が38%、商船三井と川崎汽船がそれぞれ31%です[43]。【写真2-9】のようなコンテナを使用し、マゼンタ(ピンク)色が特徴的です。2022年9月現在、201隻、149・7万TEUの船腹量を運航しており、コンテナ船の運航規模で世界第7位となっています。

写真 2-9：ONE のコンテナ
著者撮影

ＯＮＥは日本の海運会社を母体に持つ設立の経緯から、日本発着の貨物に強みを持つほか、北米航路を中心に貨物を輸送しています。設立当初から同社は親会社である三社や船主から船舶を借りて運航しています。事業が安定化した２０２０年前後から、自社による船隊整備を開始、これまで48隻を発注しており、２０２５年には初の自社保有船10隻が竣工する予定です。

また、２０２２年5月、ＯＮＥは２０２２年３月期税引き後利益が前年比約４・８倍の１６７億５６００万ドルとなったことを発表しました。コロナ禍のなかでコンテナ運賃が記録的な高騰を続けたことに加え、円安が進んだことが利益を押し上げて、日本円で２兆円超の利益を実現しています。２０２２年３月期の売上高は前年比約２倍の３００億９８００万ドルでした。

日本郵船、商船三井、川崎汽船は昨年11月から3回に分けて、合計で83億7100万ドルの配当を受け取り、邦船三社も記録的な好決算となりました。

### MSC（スイス／2Mアライアンス）

MSCはスイスのジュネーブに本社を置く、コンテナ船運航業者です。コンテナは【写真2-10】のようなデザインで、黄色のコンテナで知られています。2022年9月現在、同社は692隻、447・6万TEUの船腹量を運航しており、コンテナ船の運航規模で世界第1位となっています。

同社は、イタリア出身のジャンルイジ・アポンテ[44]氏が創業しました。コンテナ船社の中では少数派の非上場企業です。一般の方にはMSCはクルーズ会社としての知名度のほうが高いかもしれません。1989年にLauro Linesを購入してクルーズにも参入しており、コンテナ輸送とクルーズは同じグループ企業です。

同社が定期船サービスに参入したのは1971年のことで、航路は地中海とソマリアを結ぶルートでした。立ち上げ当初は中古船を安く購入する戦略で船隊を拡大し、1990年代後半以降、徐々に新造船も購入するようになっています。同社の中古船購入のうまさ

写真 2-10：MSC のコンテナ
著者撮影

を示すエピソードとして、1992年に購入したコンテナ船の話があります。その船には修復不能な問題があり、エンジンにもダメージがあったためスクラップ用途で売り出されていたのですが、MSCはこれを購入して運航させたのです。

2014年にはアポンテ氏の息子のディエゴ・アポンテ氏がCEOとなり、その後2020年にはマースクのCOOを務めたソーレン・トフト氏がCEOとして移籍してきました。MSCはトフト氏の着任について、「環境・デジタル分野での対応強化を目指すもの」と説明しています。

MSCは世界の大手船社のなかでは唯一、M&Aによらない自社船隊拡充による規模拡大を図ってきた特色を持っています。直近でも2020年から21年にかけて、港湾混雑などを背景にコンテナ船の稼働率が低下するなか、MSCは供給力維持のために約150隻にのぼる中古船を購入するなど船隊の拡充を積極的に進めてきました。その結果、2022年1月にはマースクを抜いて、船腹量で世界第1位となっています。また、総合物流業ではなく、海運業としてのコンテナ輸送企業であることを志向するのも同社の特色といえます。コロナ禍の最中に船を増やしてきたのもその一環といえるでしょう［45］。

## マースク（デンマーク／2Mアライアンス）

海外船社でもっとも有名なのはデンマークに本社を置くマースクでしょう。コンテナは【写真2-11】にある通りで、グレーの地色に水色の星のマークが入ったデザインで知られています。2022年9月現在、同社は727隻、426・5万TEUの船腹量を運航しており、コンテナ船の運航規模で世界第2位となっています。29年間にわたって世界のトップシェアを維持してきました。コンテナターミナルの運営でも世界トップクラスの企業グループです。

同社は1904年、蒸気船の船員だったA・P・モラーによって設立され、第一次世界大戦期に企業規模を急速に拡大させたのち、1928年に定期船事業へ参入しました。参入当時の航路は米国、日本、フィリピンの3カ国をカバーするものでした。一方、コンテ

写真 2-11：マースクのコンテナ
出典：https://www.globaltrademag.com/getting-handle-containers/

ナ輸送への参入は比較的遅く、フルコンテナ船によるサービスの開始は1975年と、大西洋航路でのフルコンテナ船サービスが開始されてから10年近くが経ってからのことでした。

しかし、その後、同社のコンテナ輸送は急拡大を続けました。M&Aも積極的に行い、1999年にシーランド、2005年にP&Oネドロイド、2017年にはハンブルク・スードを買収しています。マースクは総合物流企業を目指す方向性が強いことでも知られ、2016年には輸送・ロジスティクス部門とエネルギー部門を分離して、現在の体制となっています。

### CMA-CGM(フランス/オーシャンアライアンス)

CMA-CGMはマルセイユに本社を置く、フランスのコンテナ船運航業者です。コンテナ【写真2-12】は藍色です。2022年9月現在、同社は585隻、332・1万TEUの船腹量を運航しており、コンテナ船の運航規模で世界第3位です。

同社は、レバノン出身のジャック・サーデ氏が創業したCompagnie Maritime d'Affrètement(以下CMA)社とフランスの国営船社Compagnie Générale Maritime(以下CGM)という二つの会社が1996年に合併して設立されました。

両社合併後も1998年には豪州のAustralian National Lines、2006年にはフランスのデルマス、2007年には台湾のチェン・リ・ナビゲーションを買収するなど、M&Aを繰り返して規模拡大を続けてきました。しかし、リーマン・ショック後の荷動き減と運賃下落で資金不足に陥り、2010年にはトルコ系のイルディリムグループからの出資を受け入れました。その後、フランス政府系ファンドFSIからの出資も受け入れています。現在はサーデ氏とその一族が親会社の70%、イルディリムグループが24%、FSIが6・0%の出資を行っています。

CMA-CGMは欧州航路、南米航路、次いでアフリカ関連航路を中心にサービスを提供しています。シンガポールのNOLやチェン・リ・ナビゲーションを傘下に置いたこと

写真 2-12：CMA-CGM のコンテナ
出典：https://ja.wikipedia.org/wiki/CMA_CGM#/media/file:CMA_CGM_container.JPG

もあり、アジア域内のサービスのシェアも高いです。同社も合併を活発に行って規模を拡大してきた企業です。2016年にNOLを買収したほか、南米のメルコスル、欧州のコンテナシップスなど、地域内でコンテナ輸送を営む船社の買収も進めています。さらにシーバ・ロジスティクス買収を通じて物流業への進出も進めています。NOLを買収した後も、NOLの子会社APLのブランドネームでの輸送も続けています。APLは米国にあった伝統的な海運会社であり、APLが買収されたあともNOLは社名をブランドとして残していました。CMA-CGMも同様の対応を取っています。

**コスコ（中国／オーシャンアライアンス）**

コスコシッピング（COSCO Shipping）は上海に本社を置く、中国の国有企業です。【写真2-13】のようなデザインで、青色のコンテナとして知られています。２０２２年9月現在、同社は４６６隻、２８７・5万ＴＥＵの船腹量を運航しており、コンテナ船の運航規模で世界第4位となっています。コスコグループは、世界最大の船腹量を持ち、コンテナ船だけでなく、ばら積み船の船腹量が多いことでも知られています。また、コンテナターミナルの運営でも世界でトップレベルの規模です。

コスコグループは１９６１年に中国で初めて設立された外航海運企業である中国遠洋運輸総公司が起源であり、１９９３年には同社を中心とするグループ企業に改編、２０１６年2月、中国海運集団（チャイナシッピンググループ）を合併しました。

チャイナシッピングの合併にあたってコスコ幹部は、「海洋強国建設、一帯一路構想や海上シルクロード構想実現に向けた必然の選択である」と述べており、近年の海運市況の悪化によって２０１４年以降急激に進んだコンテナ船社の合併の動き、国営企業再編の流れに沿っているだけではなく、**一帯一路構想との関連を見据えた動きであることを示唆**しています[46]。

コンテナ輸送部門は、グループを統括する中国遠洋海運集団有限公司傘下のCOSCO Shipping LinesとＯＯＩＬが担っています。ＯＯＩＬはＯＯＣＬのブランドで知られる香

写真 2-13：コスコのコンテナ
出典：https://ja.m.wikipedia.org/wiki/file:Coscoshippingcontainer.jpg

写真 2-14：OOCL のコンテナ
著者撮影

港のコンテナ海運会社で、薄いグレーに赤い文字のコンテナ【写真2-14】で知られています。1982年に代表となった董建華は香港の中国への返還後、初代の特別行政区行政長官に選出されるなど、中国政府との関係が近いことでも知られていました。コスコはOOILを2018年に合併したのちもOOCLのブランドでの輸送を続けています。

## ハパックロイド（ドイツ／ザ・アライアンス）

ハパックロイドはハンブルクに本社を置くドイツの会社です。コンテナは【写真2-15】のようなデザインで、オレンジ色が特徴的です。2022年9月現在、同社は250隻、176・2万TEUの船腹量を運航しており、コンテナ船の運航規模で世界第5位となっています。

帆船で米国への移民や貨物を輸送していたHamburg-Amerikanische Packetfahrt-Actien-Gesellschaft(Hapag) と、ブレーメン市の実業家が設立したNorddeutscher Lloyd の2社が、1970年に合併してHapag-Lloydとなりました。同社は歴史的に欧州と米国の間の大西洋航路に強い基盤を持ちますが、M&Aを経て中東や南米航路などにも航路を拡大してきました。

また、同社は日本船社とのつながりが深いことでも知られています。1971年には日

写真 2-15：ハパックロイドのコンテナ
著者撮影

本郵船や商船三井とコンソーシアム（共同事業体）を結成し、1995年以降は日本郵船とグランドアライアンスを結成しました。現在でもONEと同じアライアンスであるザ・アライアンスに入っています。同社は一時期大手旅行代理店TUIの傘下にありましたが、現在ではグループを離れています。出資元はハンブルク市やドイツの物流企業キューネグループのほか、チリや中東系の企業が大株主として名を連ねています。2015年にはフランクフルトおよびハンブルクの証券市場に上場しました。

ハパックロイドは、2010年代における船社再編の立役者の一人でした。2013年に同じドイツ船社であるハンブルク・スードとの合併が破談に終わったものの、2014年にはチリの船社CSAVを買収、2016年にはUA

Eのコンテナ船社UASCを買収して現在に至っています。近年はアフリカ関連のサービスを拡充しており、2021年にはオランダ船社で西アフリカ発着航路に強みを持つナイルダッチ・アフリカラインの全株式を取得し、2022年にはドイツの航空会社ドイチェ・アフリカ・リニエンからコンテナ船事業を買収しています。

**エバーグリーン（台湾／オーシャンアライアンス）**

エバーグリーンは台北に本社を置く台湾の会社で、緑色のコンテナ【写真2-16】で知られています。2022年9月現在、203隻、158・1万TEUの船腹量を運航しており、コンテナ船の運航規模で世界第6位となっています。

同社は1968年、張榮發によって創業されました。創業時には日本の丸紅から借款の返済の一時停止や追加融資など資金面での協力を得たことが知られています。1969年にはアジア・中東間の航路から定期航路への参入を開始し、1975年のアジア・北米東岸航路からフルコンテナ船での輸送を開始しました[47]。

同社は海運同盟に所属しない盟外船社だったものの、同盟が定めた運賃から5～10％の運賃値引きを売りにして、1970年代後半から80年代前半に急速にシェアを拡大しました[48]。1984年には世界一周航路を開設し、その後マースクに抜かれるまでは

写真2-16：エバーグリーンのコンテナ
著者撮影

コンテナ部門で世界一の船会社になりました。１９９１年には航空分野に進出するなど、今でも一大企業グループを形成しています。

海運分野では、とくに北米航路を中心に大きなシェアを誇っており、アライアンスには近年まで加盟していませんでした。２０１４年にはＣＫＹＨアライアンスに加わり、２０１６年にはオーシャンアライアンスに参加して現在に至っています。

## ＨＭＭ（韓国／ザ・アライアンス）

ＨＭＭはソウルに本社を置く韓国の海運会社です。【写真2-17】のようなコンテナで知られ、地色は赤やオレンジです。２０２２年９月現在、同社は76隻、81・８万ＴＥＵの船腹量を運航、コンテナ船の運航規模で世界第８位となっています。

１９７６年3月にアジア商船として設立され、翌年からばら積み船の運航を開始し、現代建設の建設資材などを運んでいます。定期船の運航は１９７８年にアジア・中東航路で開始しました。翌年には同航路をコンテナ化し、１９８３年に現代商船へと社名を変更しています。

同社は２０１６年に経営危機に陥りました。取引船主に用船料の減額を要請した際には、法的整理の可能性を示唆しています。その後、韓国産業銀行を中心とする債権団からの支援の条件として、出資転換を含む債務整理が実行に移されました。

かつては現代グループの企業であったものの、経営危機の時期に韓国産業銀行が筆頭株主になり、現在でも20・7％の株式を保有しています。そのほか韓国海洋振興公社が約20％、韓国信用保証基金が約5％の株式を保有しており、政府の関与が強い状況が続いています。

アライアンスについては、もともとザ・アライアンスに加盟する予定であったものが経営危機のために加入できず、２０１６年から2Mアライアンスとの戦略的提携を開始しました。その後、財務体質が改善され、２０２０年には英語の略称であったHMMに社名を変更するとともにザ・アライアンスに加盟しました。

写真 2-17：HMM のコンテナ
著者撮影

## 陽明海運（台湾／ザ・アライアンス）

陽明海運は台湾の基隆市に本社を置いています。【写真2-18】のように白地に赤文字のコンテナで知られています。2022年9月現在、同社は94隻、69・6万TEUの船腹量を運航しており、コンテナ船の運航規模で世界第9位となっています。自社運航船に対する北米航路の船舶投入比率が40％を超えており、これは主要船社の中でも最も高い比率となっています。

中華民国の国営企業として同社が設立されたのは1972年12月28日ですが、前身は1873年に李鴻章の発議に基づいて清朝が上海で成立させた海

写真 2-18：陽明海運のコンテナ
著者撮影

運会社「輪船公司招商局」まで遡ります[49]。その後1978年にコンテナ船部門への進出、1996年に民営化がなされました。川崎汽船とは1990年代以降同じアライアンスに属しており、近い関係にあります。

しかしながら、2010年代のコンテナ市況の低迷期には財務基盤の建て直しに追われました。減資による累損解消、政府や金融機関などを対象とした新株発行、資本注入などがあり、2018年3月時点では交通部を中心とした政府系機関による出資比率は45・5%まで上昇しました。この出資比率は2022年3月時点で32・2%となっているものの、主要船社の中では規模が小さいこともあり、新たな成長戦略をどう見出すかが同社の課題として挙げられています。

写真 2-19：神原汽船のコンテナ　写真提供：神原汽船株式会社

## 神原汽船（広島県福山市）

神原汽船株式会社は広島県福山市に本社を置く、造船業などを営むツネイシグループの企業です。

【写真2-19】のようにグレーの背景に赤で会社名の書かれたコンテナで知られています。同社は1994年、中国の主要港と日本の地方港を直航で結ぶコンテナサービスを開始し、日中航路のほか、東南アジアなどの航路でサービスを行っています。東南アジア、南アジア、アラブ首長国連邦、オーストラリアへもサービスネットワークがあります。

写真 2-20：琉球海運のコンテナ　写真提供：琉球海運株式会社

## 琉球海運（沖縄県那覇市）

琉球海運株式会社は、沖縄県那覇市に本社を置く、造船業などを営む企業です。外航輸送では【写真2-20】のように水色のコンテナを使用しています[50]。同社はRORO船[51]の運航を行う会社であるものの、博多から那覇や宮古島、石垣島を経由して高雄までの定期航路があり、コンテナも運んでいます。

### コラム6　日韓航路

日本と韓国の間を結ぶ日韓航路は、韓国船社が大きなシェアを持っており参入している日本船社がほとんどないことや、近距離輸送であり運賃収入の面からあまり魅力がないとみなされていることもあって、コンテナ輸送における注目度はあまり高くありません。また両国ともに経済発展の度合いが一定程度高く、輸送量や運賃に大きな変化がみられづらいことも注目されにくい要因です。

しかし日韓航路は、日本から欧米にコンテナ輸送を行うための積み替え拠点である釜山港へ貨物を運ぶ航路として大きな役割を持っています。また、ローカル貨物だけを見ても日韓貿易の担い手として日韓航路は重要です。

日本と韓国は、日本から見ても韓国から見てもそれぞれ世界第3位の貿易相手国の関係にあり、貿易自体が大きな規模で行われています。多くの日本のコンテナ港湾が持つ海外航路は日韓航路であり、日本にとって一番身近でもあります。二国間では、生産工程ごとに部品や製品を貿易する国際分業体制の構築も進んでおり、山口・九州地域を中心に経済的な結びつきも強まっています。

日韓航路で気になる点の第一は先に挙げた通り、韓国の中小船社のシェアが圧倒的に高いことです。この原因は歴史的経緯にあります。日本と韓国の間は1967年に韓国で制定された海運振興法によって、韓国の輸出入貨物は原則として自国船で運ぶことが義務付けられ、自国船で運べないという証明（ウェーバー）があるときのみ、外国船社による輸送が行えることとなっていました。韓国政府がウェーバーを発給しなかったこともあり、基本的に韓国船社が日韓航路の輸送を担う状況となり、1995年にウェーバー制が廃止された後も、それまでの経緯もあって韓国船社の優位が続く状況は変わっていません。

そのため今後、韓国船社の動向が日本の港湾に影響を与えるようになる可能性があります。第6章でも言及する通り、韓国船社には再編の動きがみられます。再編が進むと航路の合理化が行われて、寄港しない港がでてきます。そしてその影響は背後の荷主企業や地域経済全体にも及ぶことになるのです。

また日韓航路では、日本発貨物と韓国発貨物のインバランスをどのように解消していくかが大きな課題になります。日韓航路では、日本からの空コンテナ移動がとても大きな割合を占めています。日本に比べて韓国での修繕費用が安いために修繕目的でのコンテナ輸送がなされていることもあるものの、空コンテナ輸送の一番大きな理由は、日本からの輸出貨物が少ないことです。

## コラム7 内航コンテナ会社

日本のコンテナ国内輸送量は増加を続けており、2010年時点の170万TEU

写真 2-21：井本商運「のがみ」　写真提供：井本商運株式会社

程度から、2019年の約220万TEUまで増加しています。国内コンテナ輸送を担う主要な会社としては、兵庫県神戸市に本社を置く井本商運と、静岡県静岡市に本社を置く鈴与海運を挙げることができます。

　井本商運は1973年に設立された企業で、30隻以上のコンテナ船を運航しており、現在では国内コンテナ輸送の最大シェアを誇る企業です。近年は、【写真2-21】の「のがみ」など球体型船首が特徴のコンテナ船3隻を就航させています。また、日本財団が推進する無人運航船プロジェクト「MEGURI2040」にコンソーシアム企業の

写真 2-22：無人運航の実証実験を行ったコンテナ船「すざく」
写真提供：DFFAS プロジェクト

メンバーとして参画し、2022年1月24日から25日にかけて、世界初となる営業コンテナ船による無人運航の実証実験を福井県敦賀港から鳥取県境港まで行い、航行に成功しました。

鈴与海運は静岡県を中心とした鈴与グループの一社で、運航船舶16隻のうち13隻でコンテナ輸送を行っています。2000年に鈴与株式会社から内航船部門が分社独立しました。東日本を中心に内航船輸送サービスを全国展開しています。鈴与海運もMEGURI2040プロジェクトに参加しており、2022年2

月26日から3月1日にかけて、同社運航のコンテナ船「すざく」【写真2-22】の無人運航の監視と遠隔操船の実証実験を、東京港〜津松阪港間で行い、航行に成功しました。

# 第3章 海運物流・コンテナ輸送はどう発展していったのか

## 初期におけるコンテナ輸送の拡大

本章ではコンテナ輸送の歴史的な経緯をふまえ、どのようにして物流の世界標準を確立していったかを見ていきます。

標準化された「箱」を使った海上輸送は19世紀から様々な形で行われてきましたが、現在の形でのコンテナ輸送が始まったのは1956年のことです。しかも本格的な普及は1960年代後半にISOで規格統一がなされてからのことでした[1]。これは、荷主たちがコンテナ輸送をすぐには採用しようとせず、コンテナ化がより普及し、コンテナやハンドリングの業界標準が確立されるまで待ったためとされています[2]。

ISO規格として承認されたのは、10フィート、20フィート、30フィート、40フィート、高さ8フィート、幅8フィートの規格で、1966年に高さ8フィート6インチが追加されています。国際規格が確立した頃からリース会社もコンテナを発注するようになり、海上輸送のコンテナ化が進行したのです[3]。

1968年まで、コンテナによる貿易はまだわずかで、貿易全体の1%未満、100万

TEU未満にすぎませんでした[4]。すべての積み荷がコンテナであるフルコンテナ船の運航が始まったのは、北米と欧州を結ぶ大西洋航路では1966年、アジアと北米と結ぶ北米航路では1968年、アジアと欧州を結ぶ欧州航路では1971年です。当時はアジアにおけるコンテナ港も日本や香港、シンガポールなどに限られていました。

採用されるまで時間のかかったコンテナ輸送でしたが、1970年代から1980年代にかけて世界各地に普及していき、**あらゆる貨物を高速・低コストで安全かつ確実に輸送できるようになりました**。各港湾間に輸送ネットワークが張り巡らされることで、貨物を世界中に届けることが可能になったためです。1980年代になるとほとんどの国が少なくとも1つのコンテナ港を整備しているほどまで広がりを見せるようになりました。21世紀に入ると、海に面した国のほとんどで海上コンテナ輸送が導入されており、コンテナ港もいたるところで整備されていきます。

## 1990年代以降、コンテナが〝世界標準〟に

1990年代には海に面したほぼすべての国と地域にコンテナ港湾が整備されました。普及の観点からは、コンテナ輸送は成熟期と言ってもいい時期を迎えます。消費財や部品輸送において、〝世界標準〟の輸送法としての地位を確立した時期と言ってもいいでしょ

う。

一方で、海運事業者の競争という観点からは、厳しさを増す時代となっていきます。1980年代以降、世界では様々な自由化が進みました。コンテナ輸送を含む交通部門でも自由化の進展と裏腹に企業間の競争は激化していきます。技術的にも船舶の大型化や、IT化において進展がみられた時期です。日本でも6社あった主要海運会社が現在の3社体制になったのが1990年代でした。

こうして海運事業者による競争が激化する中で、船舶を有効に使うために進展した「ハブ・アンド・スポーク」の輸送ネットワークが世界的に確立され、世界的な「アライアンスを中心とした運営体制」が構築されていったのです。

## ハブ・アンド・スポーク型ネットワークとトランシップ

世界のコンテナ輸送においては航路網のハブ・アンド・スポーク化[5]が確立されています。航路網のハブ・アンド・スポーク化とは、①ハブ港湾とハブ港湾の間を大きな船(母船とも呼ばれる)で結ぶ幹線航路と、②ハブ港湾とそれ以外の港湾を比較的小さな船で

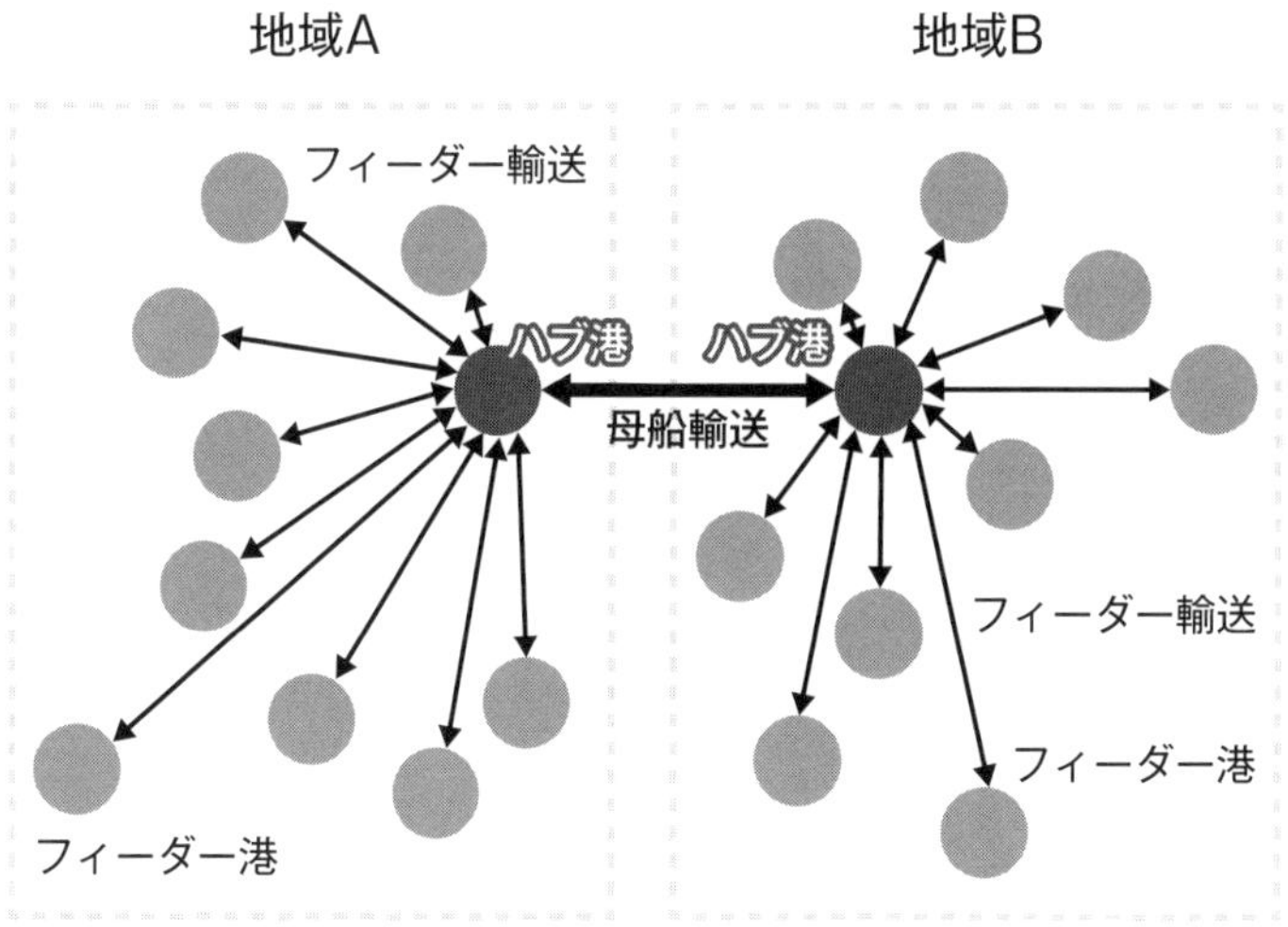

図3-1：ハブ・アンド・スポーク型ネットワークの例

連絡するフィーダー（支線）航路の二つに分化することを指します。

たとえば、アジア諸国と欧州諸国の間で多くのコンテナ航路が存在する場合、まず、アジア側のシンガポールや釜山、欧州側のロッテルダムやアントワープといったトランシップハブ港を設定し、これらの港の間を大きな母船で結ぶ幹線航路を運航させるのです。シンガポールとベトナム、インドネシアなどとの間、ロッテルダムとドイツ西部などとの間はフィーダー航路［6］を開設して輸送を行います。これによって並行する複数航路を集約することができるのです。

この方法の利点はまず、**同じ貨物量を**

**運ぶための運航船舶数を大幅に削減できる**点があります。

たとえば、【図3-1】のように地域Aと地域Bに合わせて20の港があるとすると、それぞれの港を相互に結ぶ航路の数は20×19÷2で190になります。しかし、地域AとBの中からそれぞれ1つずつハブ港湾を選び、ハブ港湾間を結ぶ母船航路と、ハブ港湾と各港を結ぶフィーダー航路に分けて航路を設定すると、航路数は1＋9＋9の19まで減らすことができるのです。

また、**船舶のサイズを大きくすることで、主に1TEU当たりの減価償却費と燃料費の減少を通じて1TEU当たりの海上輸送費用を減少させることができる**〔7〕のも利点の一つです。ほかにも寄港数を減らすことができるなど、輸送を効率化し、費用を軽減する利点があるため、海運会社は航路網のハブ・アンド・スポーク化を進行させてきました。

ハブ・アンド・スポーク型の航路体系はハブ港湾における貨物の積み替え（トランシップ）を必要とするため、世界中の港で取り扱われるコンテナ貨物量の増加に合わせてトランシップ貨物のシェアも高まる傾向にあります【表3-1】。1990年には世界中の港で取り扱われたコンテナ貨物量のうち、トランシップ貨物が占めるシェアは17・6％の1550万TEUでした。これが2000年にはトランシップ比率は25・3％に、以降は25〜30％近辺で推移しています。今後もコンテナ貨物取扱量の増加に合わせてトランシッ

| | コンテナ貨物取扱量 | トランシップ貨物取扱量 | トランシップ比率 |
|---|---|---|---|
| 1990 | 8,810 | 1,550 | 17.60% |
| 2000 | 23,630 | 5,970 | 25.30% |
| 2015 | 71,320 | 19,890 | 27.90% |
| 2018 | 78,570 | 19,840 | 25.30% |
| 2019 | 80,380 | 20,550 | 25.60% |
| 2020 | 79,660 | 20,590 | 25.80% |

表3-1：世界のコンテナ港におけるコンテナ貨物取扱量とトランシップ貨物取扱量（単位：1万TEU）
データ出所：Drewry"Container Market Annual Review and Forecast"

プも増加して、25%強で推移することが見込まれています。

## グローバルアライアンスの展開

1990年代には旧社会主義諸国の市場経済移行に加え、中国やNIES（新興工業国・地域）、ASEAN（東南アジア諸国連合）諸国の経済発展に伴ってアジア発の輸送量が増大するなどしてグローバル化が進展してきました。

海上物流の効率化や輸送サービス改善を求める荷主企業からの声も強まっていったものの、こうしたニーズに対応できるグローバルな輸送体制を1社で構築することが困難、という状況が生まれます。

米国では1984年海運法（海運カルテルの発効手続きの簡素化、独占禁止法の適用除外の明確化などが示された）が施行され、海運同盟の実質的な機能は失われていたものの（コラム8で詳述）、海運会社がそれぞれ単独で広範なサービスを維持するのは難しい状況でした。

また、1988年にパナマ運河を通航できないオーバーパナマックスサイズのコンテナ船が市場に投入された後、船舶大型化が加速して、船隊拡充が荷動きの伸びを上回るペースで進行するようになりました。そしてこれは、1990年代後半以降のコンテナ船供給過剰の原因ともなります【図3-2】。

1990年代以降、様々な局面で経済のグローバル化が進展していき、そのたびに増えていく荷主からの要望に応えられる輸送体制を整備する必要がありました。そこで、**船社間のアライアンス（戦略的提携）が荷主と船社のニーズの双方に沿う形で形成される**ようになったのです。

海運会社はコンテナ1本当たり費用（ユニットコスト）が低く効率の高い大型船を有効活用し、航路網を充実させるため、北米・欧州・大西洋の基幹航路を中心にアライアンスを形成するようになりました。アライアンスは、船舶の輸送スペースを融通しあうスペースチャーター、コンテナターミナルの共同利用、運航スケジュールの調整などの業務提携を

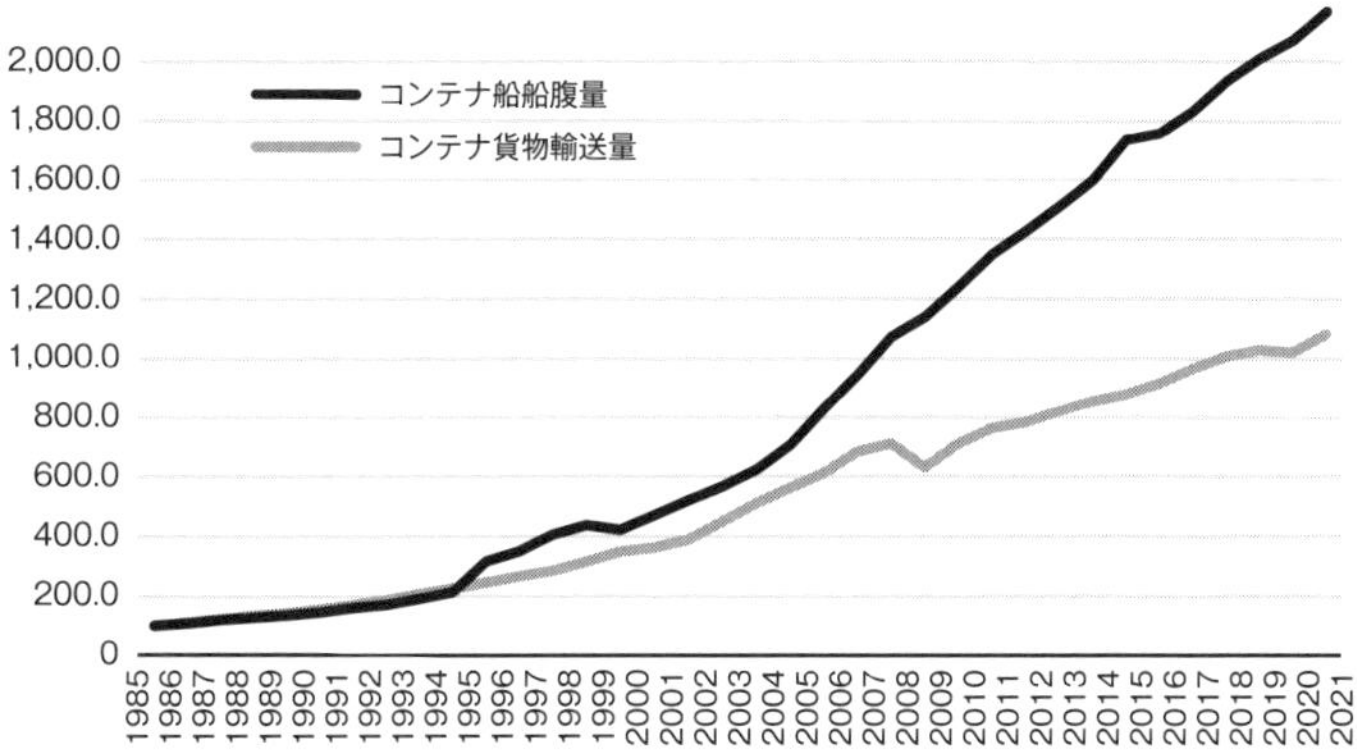


図3-2：世界のコンテナ船船腹量とコンテナ貨物輸送量の推移（1986＝100とした指数）
データ出所：日本郵船調査グループ『世界のコンテナ輸送と就航状況』、Clarksons Research
注：コンテナ貨物輸送量は重量ベースのデータを使用

行うもので、基本的にはコンソーシアムの枠組みを活用しています［8］。

通常コンソーシアムは各国の競争法で協調行為と定義されているため、アライアンスを組成するためにも競争法の適用除外が必要となります。ただ海運同盟と異なり、アライアンスでは、運賃や営業活動などの決定は個々の海運会社の決定事項です。そのため、同じアライアンスで共同運航されている船であっても、どこの船社のサービスを使うかによって運賃は異なってきます。また、アライアンスは航路別に組成される海運同盟と異なり、主要航路を中心に多くの航路で同じ会社と手を組みます［9］。

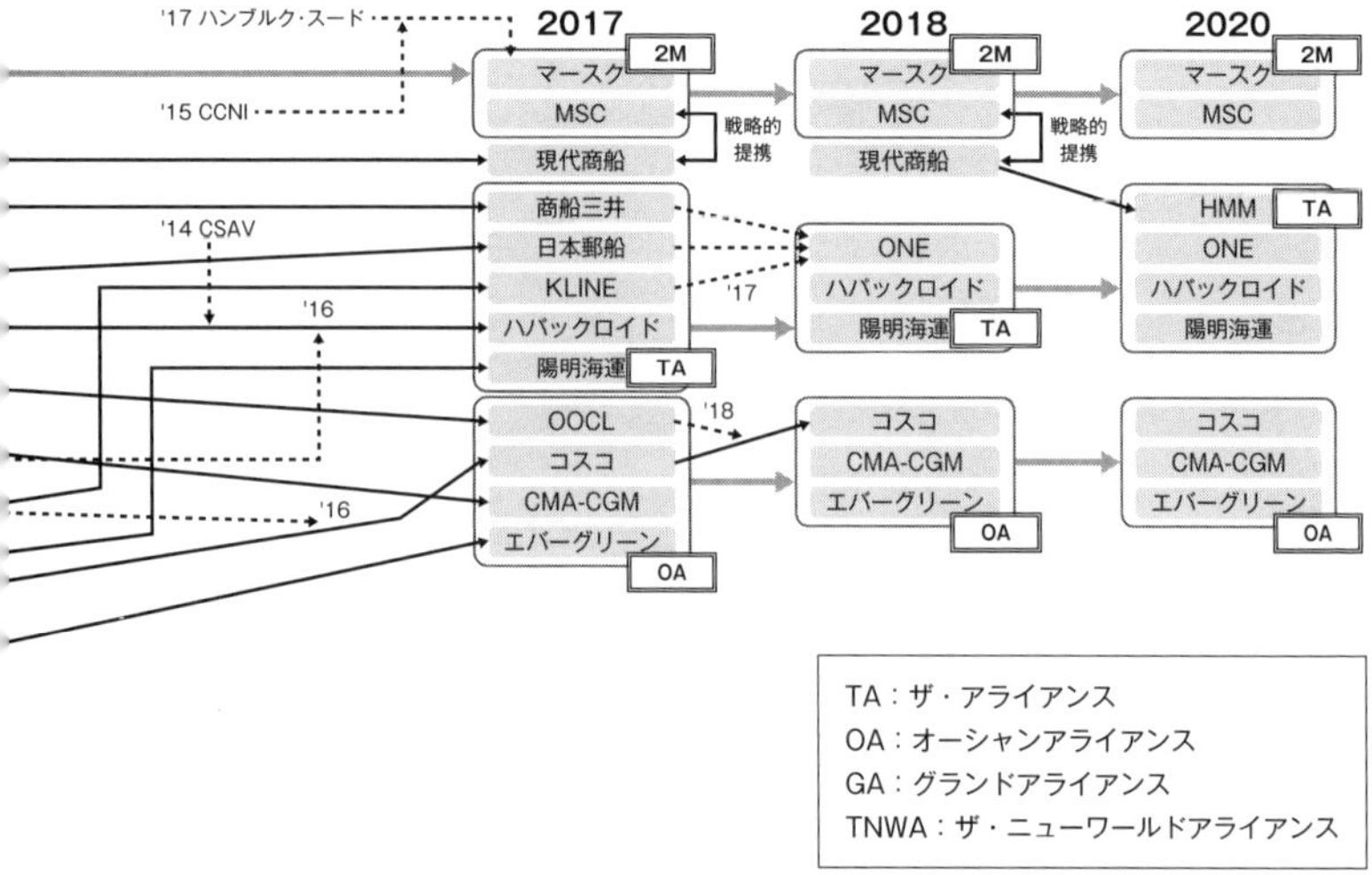


データ出所：各種報道をもとに著者作成

アライアンスの嚆矢《こうし》に関しては諸説ありますが、ここでは1990年のマースク（デンマーク）とシーランド（米国）のアライアンスを、初めて結成されたものとします。

その後、1994年に商船三井がAPL（米国）、ネドロイド（オランダ）、OOCL（香港）との間でザ・グローバル・アライアンス（TGA）を結成しました。翌1995年に日本郵船、ハパックロイド（ドイツ）、NOL（シンガポール）、P&O（英国）によるグランド・アライアンス（GA）、1996年には川崎汽船、コスコ、陽明海運（台湾）によるCKYアライアンスが結成されました。世界的なアライアンスによるコンテナ船社の提

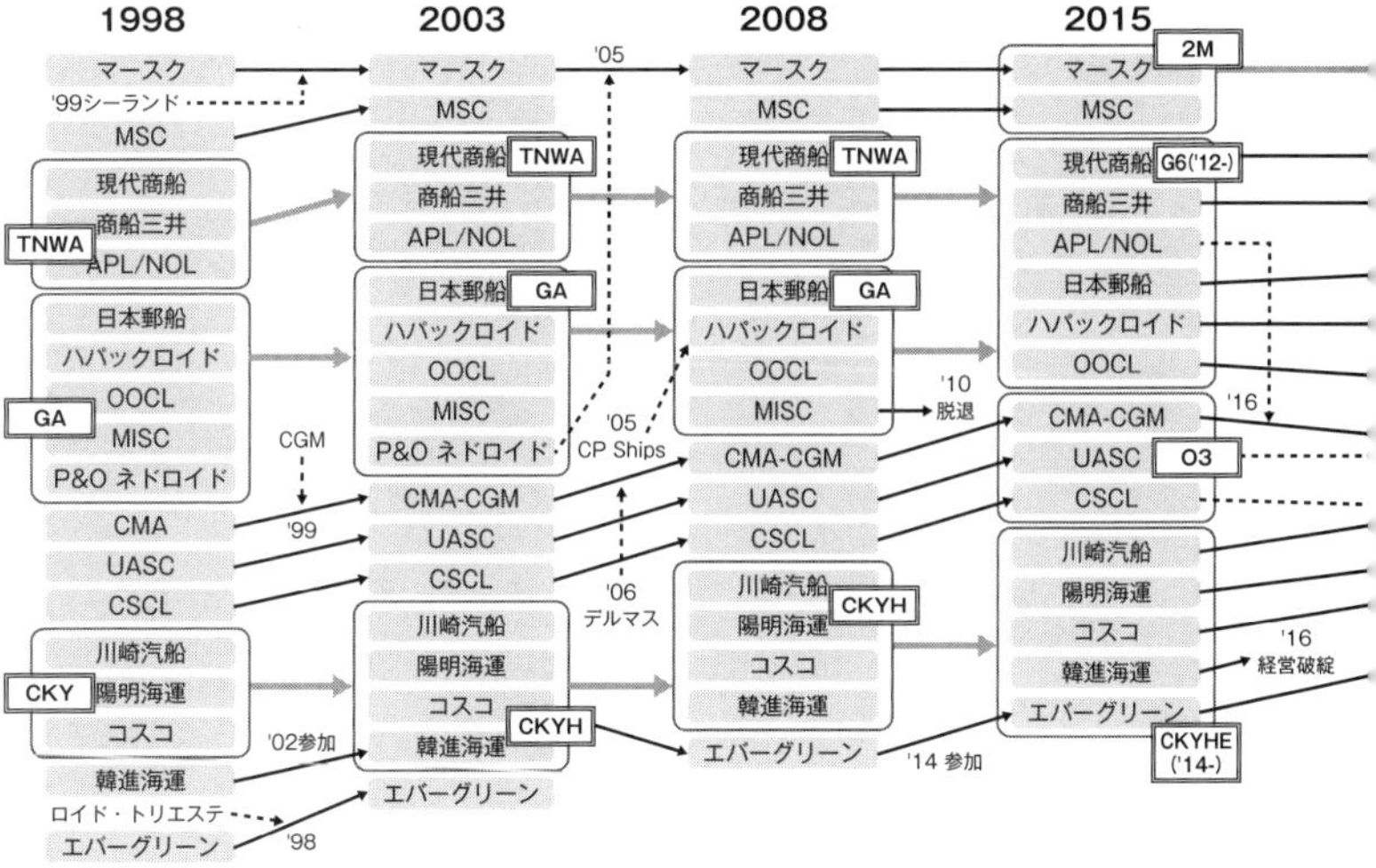


図3-3：コンテナ船社のアライアンスの変遷と船社再編の推移

携が本格化したのです。

一方で、合併も並行して進み、1997年にはネドロイドがP&Oと合併しました。両社はP&Oネドロイドとなって GA への参加を決め、NOLもAPLを買収した後、1998年に商船三井、現代商船（韓国）とザ・ニュー・ワールド・アライアンス（TNWA）を結成しました。

ほかにも1990年代には規模拡大のためのM&Aも進展し、1996年にはCMA（フランス）によるCGM（同）の買収、1999年にはマースクによるシーランドの買収が行われました。

第1章でも説明したように、中国のWTO（世界貿易機関）加盟や米国の順調な経済状況、住宅バブル、欧州の堅調な経済成長もあって、2000年代前半は中国から欧米への航路を中心に荷動きは大きな伸びを見せました。また、5000TEU以上の船舶が増加して大型化が進み、コンテナ船の船腹量も増加を続けたものの、需要が堅調だったため1990年代に比べると市況は比較的安定し、競争も熾烈化せずに推移しました。

このような状況を反映してアライアンスにも大きな変化がなく、この時期の動きとしては2001年にCKYアライアンスに韓進海運（韓国）が加入してCKYHになった程度です。M&Aも、欧州系による規模拡大を目指したものが中心で、2005年のマースクによるP&Oネドロイドの買収とハパックロイドによるCPシップス（カナダ）の買収、2006年のCMA-CGMによるデルマス（フランス）の買収などがありました【図3-3】。

**潮目が変わったのは2007年に金融機関のサブプライムローン問題が発覚し、米国の住宅バブルがはじけた後のこと**です。住宅市場の状況が悪くなると輸送量の伸びは鈍化し、翌年のリーマン・ショック以降は輸送量が減少に転じました。金融危機から経済危機へと波及して、2009年にはコンテナ貨物輸送量が年ベースで前年割れを記録。2010年以降、輸送量は前年比増に転じたものの、成長率は金融危機前に比べて明らかに落ちたのです。一方、金融危機の前から続いていた造船ブームもあって、船腹量の増加は止まりませんでした。

船舶が増えるだけではなく、コンテナ1個当たりの輸送コストの削減を目指した船舶の大型化も進み、1000TEU以上の船舶が次々に新規投入されました。2005年時点の最大船型の船腹量が10000TEU程度でしたので、10年もしないうちに汎用化されたことになります。この時期になると、最大船腹量は20000TEUに近づいています[10]し、20000TEUを上回る船舶も欧州航路に投入されていきました。これが船腹量拡大をさらに促したのです。

その結果、需給バランスは年々悪化を続けました。1986年を100とした場合のコンテナ貨物輸送量は2007年に723、2016年で1047にとどまっていました。しかしコンテナ船の船腹量のほうは2007年に944、2016年には1784まで伸びていたのです【図3-2】。**船腹量の伸びに相応するほどの輸送量が生じておらず、市場が供給過剰気味であったことが、2010年代後半のコンテナ海運市況悪化の根本的な原因**となりました。2016年3月には上海から北欧州のコンテナスポット運賃が1TEU当たり205ドルという低運賃を記録しています。

## コラム8　海運同盟

海運同盟は、市場の安定を目的に海運会社間で競争を回避するための「運賃協定」や「配船協定」を結ぶカルテルのことを指します。運賃協定は同盟船社間で品目別に運賃率を協定して、運賃率を変更する際にも船社間で協議する取り決めを行うことを指します。配船協定は航路に配船される船腹量を調整するもので、航海数や寄港地、運航スケジュールと積取トン数などを制限していました。アジアから欧州への航路にはFEFC（極東運賃同盟）という同盟があり、北米航路にも太平洋西航同盟などの同盟が存在していました。海運同盟は方向が異なると別の同盟が組まれるので、たとえばアジアから欧州の航路と欧州からアジアの航路では異なる同盟がありました。

通常、どこの国でも競争法（日本では独占禁止法、米国では反トラスト法）に基づいて企業間のカルテルは禁止されています。しかしながら、コンテナ輸送を含む定期船輸送においてはその適用が除外されています[11]。日本では海上運送法第28条に独占禁止法適用除外の規定があります。

適用除外になっている理由は、近代における競争法の起源の一つである米国のシャーマン法が1890年に制定された際、すでに市場慣習として定着していたためであったとされています。世界初の海運同盟は1875年、アジアとヨーロッパを結ぶ航路に関して設立されたカルカッタ同盟（FEFCの前身の一つ）で、シャーマン法よりも先にできているのです[12]。

かつて、海運同盟は顧客である荷主に対して同盟に属していない海運会社と契約しないように割引運賃を設定したり、同盟に属していない海運会社の船舶に対して、格安の運賃となるライバル船（戦闘船）を一時的に導入する[13]などして、輸送量や運賃の維持を図ってきました。さらに、同盟に属する海運会社に対しても、同盟の定めた運賃水準を守っているかを監視する仕組みもありました。海運同盟はもともとコンテナ化が始まる前にできあがった制度ではあったものの、コンテナ輸送が始まってからもその仕組みが引き継がれたのです。

また、海運同盟は、航路の需給状況に応じて、同盟への企業の参入を厳しく拒否・制限してきました。一般に、このような会員制の海運同盟は「クローズド・コンファレンス」と呼ばれ、欧州航路ではこのクローズド・コンファレンスの形で海運同盟が運営されました。一方、米国では1916年に制定された海運法においてクローズド・コンファレンスが禁止されたため、北米航路では加入と脱退が自由な「オープン・コンファレンス」で運営されてきました。

海運同盟が変容を見せはじめた背景には、主に二つの要因が指摘されています。コンテナ化が進んだことで、在来船の時代に比べてサービスの標準化が進み、発展途上国の海運会社をはじめ新規参入を容易にしたこと、もう一つは１９７０年代以降、海運同盟に対する政策が見直されてきたことです。

　コンテナ化が始まる前の在来船の時代は大小の貨物を個別に積み下ろしする必要があり、熟練した積み込み技術と航海中の荷崩れを防ぐノウハウが必要でした。しかしながら、コンテナ輸送では貨物を規格化されたコンテナに積み込んで輸送するため、熟練労働への依存度が小さくなり、荷役に要する時間や労働力も大幅に削減されました。そのため**コンテナ化の進展と並行して、途上国や社会主義国がコンテナ海運事業を自国の基幹産業とし、同盟に属さない盟外船社としての参入を開始する**ことができたのです。

　１９６０年代以降になってくると、発展途上国を中心に自国船社の海運同盟への加入や、海運同盟による一方的な運賃上昇をなくすための協議のルール化などの要望が強まってきます。このルール化は１９７４年、国連による定期船同盟行動憲章条約によって実現しました。この憲章では、貿易当事国の船会社が航路に関する海運同盟に参加することを認めたほか、船会社が貨物輸送の比率を同盟で決定する場合、発着当事国の船会社はそれぞれ40%、第三国船会社の比率は20%とすることを定めていました[14]。さらなる変化のきっかけとなったのは1980年代の交通に関する自由化の動きと、その中で生まれた米国の1984年海運法です。次のコラムで紹介します。

## コラム9　1984年米国海運法と自由化

米国では1970年以降、規制緩和の動きが活発化します。交通分野でも航空や鉄道、トラック輸送において規制緩和が進んでいました。そうした交通業に対する規制緩和の流れに沿って、1984年米国海運法が制定されました。

この法律では、海運同盟に対する競争法の適用除外を認める一方で、同盟に加盟する海運会社が荷主と個別に運賃やサービスに関する契約を結ぶ権利を明確に規定しました。また、大規模荷主に対するボリュームディスカウントや、一定期間における一定運賃である契約運賃の設定も認められるようになりました。運賃制度による荷主の拘束を禁止したほか、一貫輸送を行うフォワーダーの存在が正式に認められるようにもなりました。

運賃を通じた拘束が禁止されたことで、米国関連航路における海運同盟は実質的な効力を失いました。船社間での競争が促進され、米国関連航路の運賃が大幅に下落することになったのです。コンテナ輸送市場では盟外船社のシェアが大きくなり、その活動を阻止することが難しくなったため、同盟に属する船社は各航路に就航するほとんどの船社が加入する「安定化協定」または「協議協定」を結成することとなりました。安定化協定の目的は、航路の需給動向に関する情報を交換し、運賃修復やサーチャージのガイドラインに合意することで、航路の安定化を図ることです。ただし、運賃に対する直接的な拘束力はありませんでした。この協議協定も2010年代までにはほとんどが廃止または休止しています。

## 金融危機後のコンテナ船社の集約

2008~2009年の金融危機後に輸送量が伸び悩むようになった背景については、次の2点が指摘できます。

第1点は**貿易の伸びが経済成長を下回る「スロートレード」が起こった**ことです。この主な原因として、日本銀行国際局の高富康介氏らは、先進国が消費中心の経済構造へと変わっていること、中国やＡＳＥＡＮなどでの技術発展による内製化の進展などを指摘しています。また、流通科学大学の森隆行名誉教授は現地生産が増えたことが貿易構造の変化につながったと述べています。第２点は、第１章でもとりあげましたが**「コンテナ化の進展が一服した」可能性**です。

いずれにせよ、リーマン・ショック後は船舶の供給過剰を原因とした運賃下落が続き、アライアンス再編とＭ＆Ａが進行しました。まず２０１２年にはＧＡとＴＮＷＡが欧州航路での共同運航を開始し、Ｇ６アライアンスが結成されました（これにより日本郵船、商船三井が同じアライアンスに所属することになりました）。

一方でマースク、ＭＳＣ、ＣＭＡ-ＣＧＭの欧州系３社は２００８年から北米航路で船腹共有協定を結んでいたほか、３社での提携を強化していました。その流れを踏まえ、２０１３年には３社でＰ３ネットワークという新しいアライアンスの結成を発表します。しかしながら、これは中国商務部の認可が得られず破談。欧州航路におけるシェアが大きくなりすぎてしまうことが背景にありました。

Ｐ３アライアンスの挫折を受けて、マースクとＭＳＣは即座に10年間の船腹共有協定を結び、２Ｍアライアンスを結成しました。残されたＣＭＡ-ＣＧＭもＣＳＣＬ（中海コンテナ）、アラブ系のＵＡＳＣとの間でオーシャン・スリー（Ｏ３）の結成を発表して２０１５

年から主要航路での提携を開始しました。CKYHアライアンスにも2014年4月からエバーグリーン（台湾）が参加し、CKYHEアライアンスに変わりました。

M&Aも2014年以降に大きく進展しました。同年にはハパックロイドによるCSAV（チリ）買収、ハンブルク・スードによるCCNI（同）買収、CMA-CGMによるドイツ船社OPDR買収が発表されています。2016年にはCMA-CGMによるNOL買収、コスコグループとチャイナシッピンググループ（コンテナ船部門はCSCL）の合併、ハパックロイドによるUASC買収のほか、日本でも、2016年に日本郵船、商船三井、川崎汽船が定期船部門の統合を発表しました[15]。

2016年8月末には、アライアンスが結成されるようになってから初めてとなる主要船社（韓進海運〈韓国〉）の破綻も起こっています[16]。2017年にはマースクによるハンブルク・スード買収もあり、2010年代の再編は規模が大きく、2015年時点で17社存在した主要船社（アライアンスに加盟して基幹航路に定期航路サービスを提供している船社）は、2018年には9社にまで減りました。

これらのM&Aはアライアンスをまたぐものであったことから、アライアンスの再編をさらに進めました。マースクの2Mアライアンス（2M）、オーシャンアライアンス（OA）、ザ・アライアンス（TA）が2017年4月から開始され、現在の3大アライアンス体制がスタートしました。

また、2020年には韓国のHMM（旧現代商船）が2Mとの戦略的提携を解消してTAに加盟するなど、グローバルなアライアンスは変化を続けているのです。

## コラム10　韓進海運の倒産

2016年に倒産（2017年に清算）した韓進海運は韓国を代表する海運会社であり、韓進グループの創業者である趙重勲が1977年に設立した会社です。韓進グループの企業では大韓航空などが知られています。韓進海運は創業以来、企業規模を拡大し続け、経営破綻時、コンテナ船の運航船腹量では60・9万TEUと世界第7位に入っていました。

韓国ではリーマン・ショック後に大韓海運やSTXパンオーシャンといった海運会社が倒産していたものの、アライアンスに加盟し、基幹航路で定期船サービスを提供するほど大きな船社の倒産は初めてのことでした。アライアンス関係を通じて他船社にも破綻の影響が及んだうえ、100隻近くの船舶が運航中であったため、荷主、ターミナル、船主などにも倒産による被害が生じました。債権者による港での船舶の差し押さえを避けるため54万TEUを超えるコンテナの荷動きが海上で停止されたり、入港を拒否されたりしたのです。

同社が倒産に至る背景として、経営ミスと、韓国政府の不作為が指摘されていました。前者についてはまず、創業者の三男の妻ではあったものの、海運業に関して知識のない崔恩瑛氏を2007年に経営者として据えたことが問題点として挙げられました。さらに、リーマン・ショックの前に高い水準で新造船や用船契約をしていたことが経営に大きな負担となりました。加えて、安定的な経営につながると考えられていた国内外のコンテナターミナルや専用船、ばら積み船部門、LNG輸送部門の事業・資産を売却してしまっていました。リーマン・ショック後の不況に対して適切な対処を行い、財閥企業は倒産しないという前提での危機意識のない（かつ不合理な）意思決定が回避できていれば……という批判もあります。

韓国政府の問題点を挙げる声もあります。たとえば政府が海事に関連する事業計画を発表した際に、韓進海運と現代商船は体面を保つため拒否できない状況に置かれていたとの話があります。また、韓進海運が優れたコンピュータシステムを持っていたにもかかわらず、その価値をわからずに破綻させてしまったとの声もあります。

韓進海運だけではなく同じ韓国の現代商船も2016年時点で経営危機が伝えられ

ていました。むしろ報道では現代商船のほうが危機的状況にあると言われていました。しかし、現代商船は売却可能な資産を持っていたこともあり、最大の債権者である韓国産業銀行からの支援を受けることができました。一方で韓進海運は返済期限の延長や用船料減額、債権団による支援を受けられず、倒産を回避できなかったのです。韓進海運は、2017年2月に裁判所が破産を決定して姿を消しました。北米航路の営業についてはサムラミダス（SM）グループに引き継がれています。

## コラム11　アライアンスは悪か？

コンテナ海運においては、アライアンスを形成し、共同運航を行うために必要となる共同行為（コンソーシアム）についてはまだ適用除外が認められています。ただ、欧州の荷主団体が見直しを求めており、2024年に適用除外の更新期限が来ていることや、20年以降のサプライチェーン混乱を受けて、今後、競争法適用除外の話に注目が集まるのは避けられないでしょう。米国でも海運法の改正が行われましたし、香港でも適用除外の期間を短く更新して様子を見るといった状況です。韓国でも公正取引委員会の調査が入っています。また日本でも荷主から同様の要求がみられています。

一方で、本当に運賃上昇やサプライチェーンの混乱がアライアンス体制のせいであるのかについてはかなり慎重な検討が必要でしょう。運賃上昇は需要ドライブで起こったことで、供給が追い付かなかったとみるべきであり、米国FMC（連邦海事委員会）の調査でも運賃上昇はマーケットメカニズムによって起こったという結果が出ています。

さらに、コンソーシアムの競争法適用除外廃止が認められた場合に、現在の形のコンテナ輸送が維持できるのかという視点も必要です。２００８年の欧州委員会による海運同盟への競争法適用除外の廃止以降、船社間の情報交換や提携が必要なものも含めてかなり抑制されてしまったとの指摘もあります。船社のさらなる淘汰の可能性も含め、何が起こるかを考えたうえで検討する必要があるでしょう。

## コラム12　パナマ運河とスエズ運河の通航料

パナマ運河、スエズ運河は国際運河ですが、通航する際には海運会社が通航料を支払わなければなりません。コンテナ船１隻が運河を通航する際には日本円で数千万円を超える金額を支払っています。船種別支払額がわかる中で最新の２０１８年では、日本の海運会社はスエズ運河のコンテナ船通航料に１回当たり約52万ドル、パナマ運河の通航料に約53万ドル支払っています。

両運河を運営するパナマ運河庁、スエズ運河庁はともに留学経験者を多く抱えるエリート集団です。パナマやエジプトでは運河庁はかなりの花形職業です。彼らは通航料の影響をしっかり分析し、喜望峰周り（や相手となる運河）を選ぶよりは（海運会社にとって）得な水準を計算して十分高い金額が取れるようにオファーしています。10年ほど前、パナマ運河通航料からパナマ政府に納付された金額の、財政収入に対する比率を調べたところ6～7％になることがわかりました。エジプトでも一定の割合があると予想されます。

また、通航料は外国企業から徴収するものであることから、収入を増やす〝財源〟として狙い撃ちされやすい構造があります。運河庁はしばしば十分な告知なしに値上げをするため、海運会社や業界団体からしょっちゅう抗議を受けています。

海運会社からすれば、通航料は大きなコストです。コンテナ船の運航コストのうち、スエズ運河やパナマ運河の通航料は大きな割合を占めます。アジア・欧州航路では約10％です。ただ、これまでもスエズ運河とパナマ運河は頻繁に値上げを繰り返してきたにもかかわらず、2010年代にコンテナ運賃は下がり続けていました。この状況を踏まえると、そもそも運河通航料の値上げが輸送運賃に反映されるのかも怪しいといえます。一方で、世界の商品価格に対する輸送コストは決して大きなものではありません。運河通航料の値上げが物価に与える影響は軽微なものにとどまるでしょう。

## 「港湾労働の効率化」が与えた影響

本章の最後に、コンテナ化が物流の〝現場〟に与えた大きな影響について解説します。

コンテナ化の効用としてはまず、荷役作業や港の運営、船の運航を効率化したことが挙げられます。コンテナ輸送の前は、袋詰め貨物を人やクレーンが担いで船に積み下ろしするなど、荷役作業に多くの人手が必要でした。作業に時間がかかることに加え、雨で作業が中止するといった問題もあり、港での停泊時間がどうしても長くなり、船が止まっている時間が多くならざるを得なかったのです。

コンテナ輸送は統一規格の箱に貨物を詰め込むことで、岸壁にあるクレーンでコンテナを直接積み下ろしすることによる効率的な荷役を可能にしました（船と岸壁の間でコンテナの荷役を行うクレーンはガントリークレーンと呼ばれています）。標準化された箱を使うことから、

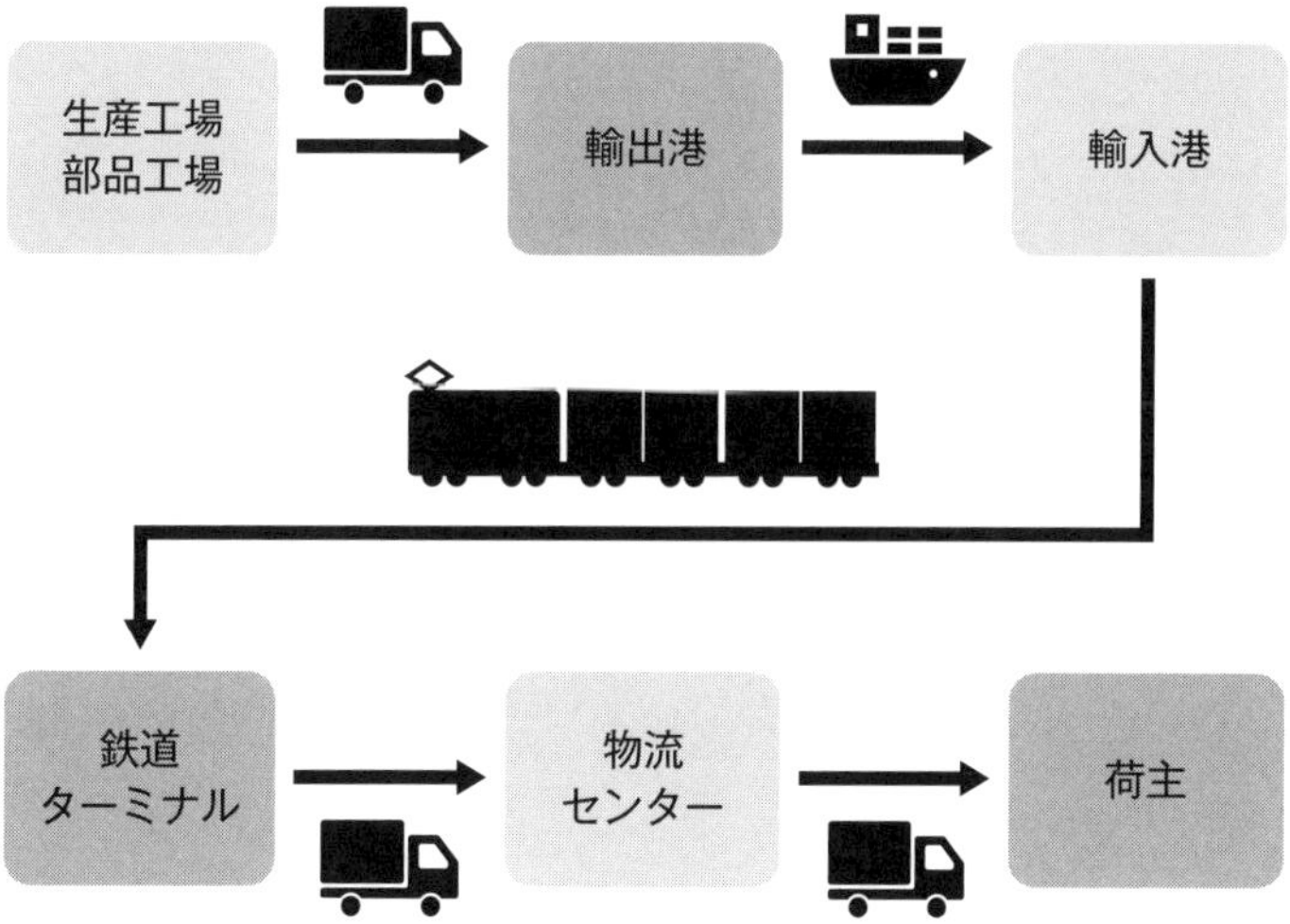


図3-4：複合一貫（ドア・ツー・ドア）輸送の例

機械化を通じた荷役活動の省力化、高速化を実現でき、輸送効率を大幅に向上させたのです。また、港の中でコンテナを重ねて積めるようになり、港の有効活用にも貢献しました。そうして荷役の効率化が進んだことで輸送のために大きな船舶を使用することが可能となり、規模の経済による効率化の恩恵も受けられるようになったのです。

コンテナ化による効率化については、初期段階でも効果があったことを示す話があります。1972年に英国政府がマッキンゼー社に依頼した調査結果では、**英国と西欧地域でコンテナ化が始まる前の1965年、1人の港湾労働者は1時間当たり1・7トンの貨物を運ぶこ**

とができた一方で、コンテナ化後の1970年にはこれが30トンに増えたとのことです。

また、現在のインターモーダルシステム（複合一貫輸送）の構築を促したこともコンテナ化の効用でしょう。コンテナは統一規格の箱であるため、規格に対応したトラックや鉄道であれば違う国でも載せ替えて運ぶことができます。

【図3-4】にあるように、コンテナ輸送に際しては、工場で作られた製品や部品をコンテナに積めたあとで輸出港にあるコンテナヤードにトレーラーや鉄道で運ばれます。そして、輸出港に着いたコンテナはコンテナヤードからクレーンでコンテナ船に積み込まれ、コンテナ船で輸入港まで輸送されます。輸入港から鉄道でターミナルに運ばれたコンテナはトレーラーで物流センターに移送され、さらにトレーラーで荷主に運ばれていきます。

この複合一貫輸送が可能になったことで、工場から貨物を受け取る荷主の元までコンテナを開けることなく輸送できる点もコンテナ輸送の大きな利点です。現在、コンテナは荷物が詰め込まれると封印がされ、輸送が終わるまで封印を開くことができません【写真3-1】。【写真3-2】は、木箱に入った展示用テーブルと商品棚のデバンニングの様子を示したものです。このような方法は、荷物をたびたび詰め替えたり、梱包する手間を大きく減らしたことに加え、途中で盗まれるリスクも減少させました。

写真 3-1：コンテナが開けられていないことを示す封印
写真：著者撮影

写真 3-2：デバンニング作業の様子
写真提供：株式会社インターナショナルフォワーディング

インターモーダルシステムが広がることで、生産拠点の分散やグローバルサプライチェーンの確立がなされやすくなりました。たとえば、東南アジアで加工された部品を中国に送り、そこで組み立てた製品を日本や欧米に輸出する水平分業の広域展開が、コンテナ化を前提としたインターモーダルシステムの広がりによって促進されたのです。

これらの効用は輸送コストの低減につながり、貿易を促進する効果を持つと考えられています。この点について『コンテナ物語』の著者マルク・レビンソン氏は「輸送がきわめて効率的になったおかげで、輸送費は経済的な意思決定にさほどの影響を及ぼさなくなった」と述べています。さらに、時間の節約と正確さの向上もコンテナ化の効用であり、これによってメーカーも小売業者も大量の在庫を抱える必要がなくなったのは大きな影響として挙げられるでしょう。

第4章

# いま世界で起きている海運問題と、経済活動への影響

# コンテナを通して読む「新型コロナウイルスの輸送への影響」

直近においてコンテナ輸送をめぐる最も大きな問題は、新型コロナウイルスの感染拡大によるコンテナ不足、そしてサプライチェーンの混乱です。「はじめに」でも触れた通り、コンテナ不足という言葉が一般の方々の口にのぼるようになるまでに、その影響が現れてきました。

ここまで本書で説明してきた知識をふまえると、新型コロナウイルス感染拡大によるサプライチェーンの混乱に対して違った視点を持つことができるはずです。また、コンテナ輸送が世界経済の流れにどのような影響を与えているかを実感できるかもしれません。

本章では現在、世界で起こっていることや社会情勢と、コンテナの関係を探っていきます。

まずは新型コロナウイルスの感染拡大の影響から見ていきます。大きくまとめると、コンテナ輸送への影響はおおよそ次の①～⑥の順番で現れました。

①初期段階での経済停滞による輸送の停滞（2020年上半期）
②内陸輸送の停滞と各地港湾の混雑（2020年下半期〜）
③アジアにおける輸出用コンテナの不足（2020年下半期〜2021年上半期ごろ）
④巣ごもり需要と在庫確保の発生（2020年下半期〜2022年初頭）
⑤コンテナ運賃の高騰と輸送の遅滞（2021年上半期〜2022年上半期）
⑥過剰在庫と運賃の反転（2022年下半期〜）

2022年冬の時点では、①や③、④のようにほぼ収束したもの、⑤のように収束の兆しが見えているものもある一方、②のようにすべての影響が完全に除去されたわけではないものもあります。

③に現れている「コンテナ不足」は、貨物を入れることのできるコンテナ輸送サービスの供給不足をさし、(i)コンテナ回転の不足、(ii)新造コンテナの不足に分けて考えることができます。コンテナ輸送は、箱の中に貨物を詰め込んで輸送します。輸送をするためには、貨物と箱の両方が存在しなければなりません。たとえ輸出向けの生産ができていたとしても、荷物を入れるコンテナが不足すると荷物を運べなくなります。このコンテナ不足

については、大まかに【図4-1】のような流れでまとめることができます。以下、図に対応する形で説明を加えます。

通常、アジアなどの輸出国から貨物を詰めて出発したコンテナは、欧米などの輸入国もしくはその近辺で別の貨物（帰り荷）を積んで輸出国に戻ります[1]。インバランスの項で説明したように空コンテナとして回送されることもあります。いずれにせよ、コンテナが回転して輸出国まで箱が戻ってこなければならないにもかかわらず、コロナ禍においては港湾での作業効率が低下したため、欧米でコンテナの返送や回送ができなくなり、アジアへの輸出や空コンテナの回送が遅れてしまいました。

もともと**コンテナ回転の不足傾向は、2019年ごろからアジア・欧州間のアジア方面を中心にすでに指摘されていました**。これは主に市況の低迷が続いたことと、重量満船の問題が原因でした。2010年代はリーマン・ショック以降の景気低迷やスロートレードの進行といった需要側の要因に加え、大型コンテナ船の就航が相次いだことによって、供給スペースが増え、運賃が上がりにくい傾向にありました。欧州航路で20000TEUクラスのメガコンテナ船の就航が相次ぎ、北米航路のコンテナ船も大型化し、大型船を中心とする船隊拡充が進んだのがこの時期です。2016年に運賃市況は底をついたものの、それ以降も運賃は低い水準で推移していたのです。

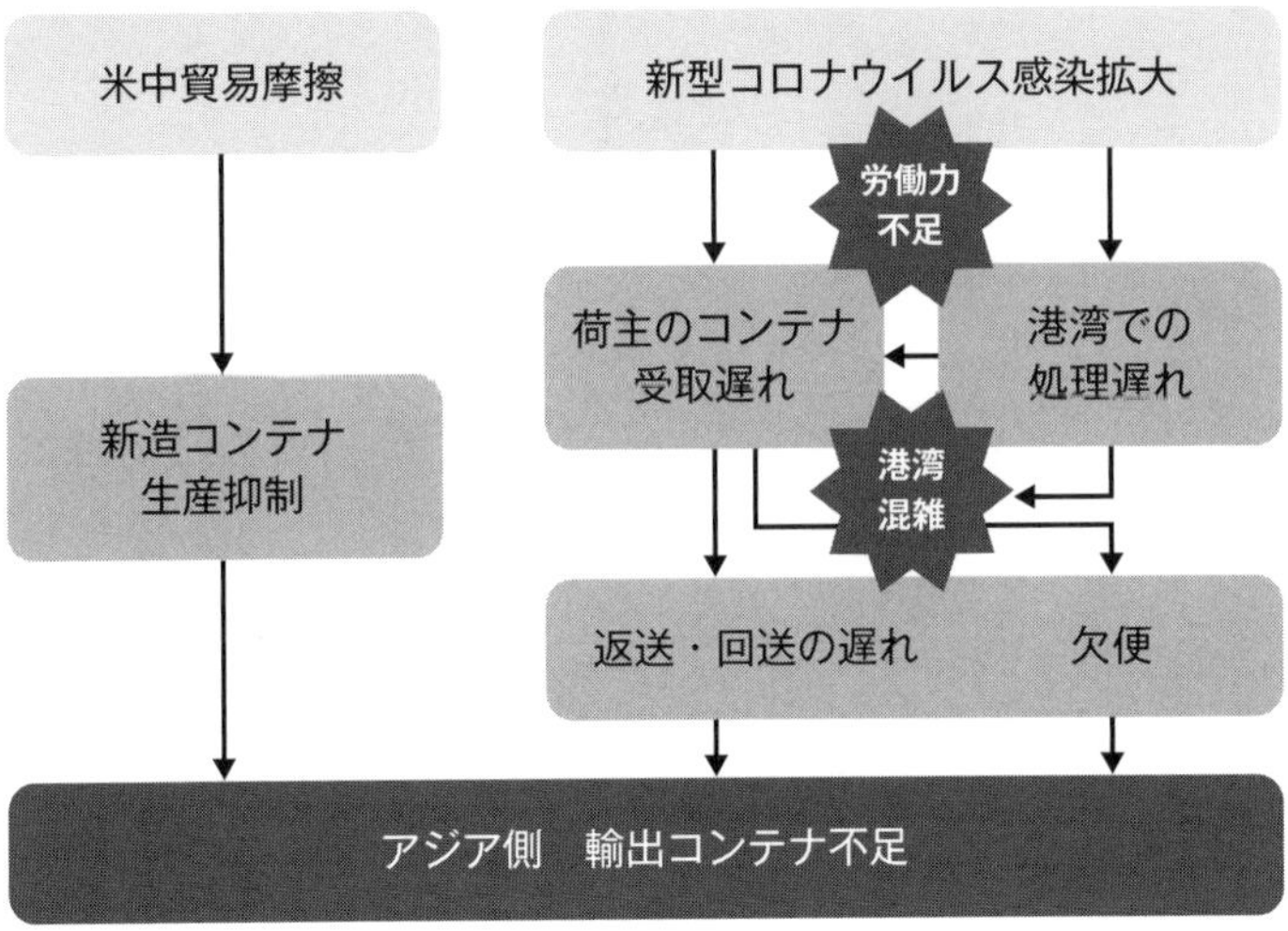


図4-1：供給側から見たコンテナ不足の背景

第3章で述べたコンテナ船社の再編が進んでからは、船舶の運航を調整する欠便による対応が増加しました。それより以前も、荷物が少なすぎる場合には、一時的にスケジュールを変更する「欠便」や、寄港する予定の港を飛ばす「抜港《ばっこう》」といった措置が行われてきました。供給を調整することで、市場の状況に対応するのです。そうして欠便が起これば、荷物の入ったコンテナだけでなく、空コンテナの回送も遅れやすくなります。

さらに、2018年ごろから激化した米中貿易摩擦を背景に、中国が木材の輸入元を欧州に変えたため、欧州から中国への木材輸出が急増したことも重量満船を起こしやすくなった要因の一つです

[2]。コンテナで運ばれる木材は重量勝ちであるため、重量満船が発生しやすくなります。重量満船が原因で欧州からアジア方面へ空コンテナを運びにくくなり、2019年ごろから荷主がコンテナを確保することが難しくなっていました。著者も荷主企業や貿易会社に勤めるご近所さんから、「コンテナが確保できないんだよねー」と教えてもらった（ぼやかれた）ことがあります。大きく注目はされていないものの、**欧州とアジアの間を中心にサービスの供給が不足気味だったうえに重量満船がしばしば発生し、空コンテナ輸送がうまくいっていなかったことは、コロナ禍で注目された「コンテナ不足」の通奏低音となっていた**のです。

新造コンテナへの投資が減少し、生産が減少傾向にあったこともコンテナ不足に拍車をかけました。大きな理由は2018年に米中貿易摩擦が激化したことです。米中両国間の貿易量が低迷したため、コンテナリース料が下落しました。しかも、2019年時点では2020年も貿易摩擦が続き、輸送量が増えないとの見通しがありました。そのため、海運会社やリース会社は新造コンテナへの投資を減らし、生産量も40％減少していたのです。

そこへきて、2020年初頭には中国での新型コロナウイルス感染拡大によって、新造コンテナの生産自体が停止します。【図4-2】にもあるようにコロナ禍の前から減少していたコンテナの生産量は、2020年上半期においてさらに少なくなり、前年同期比36％

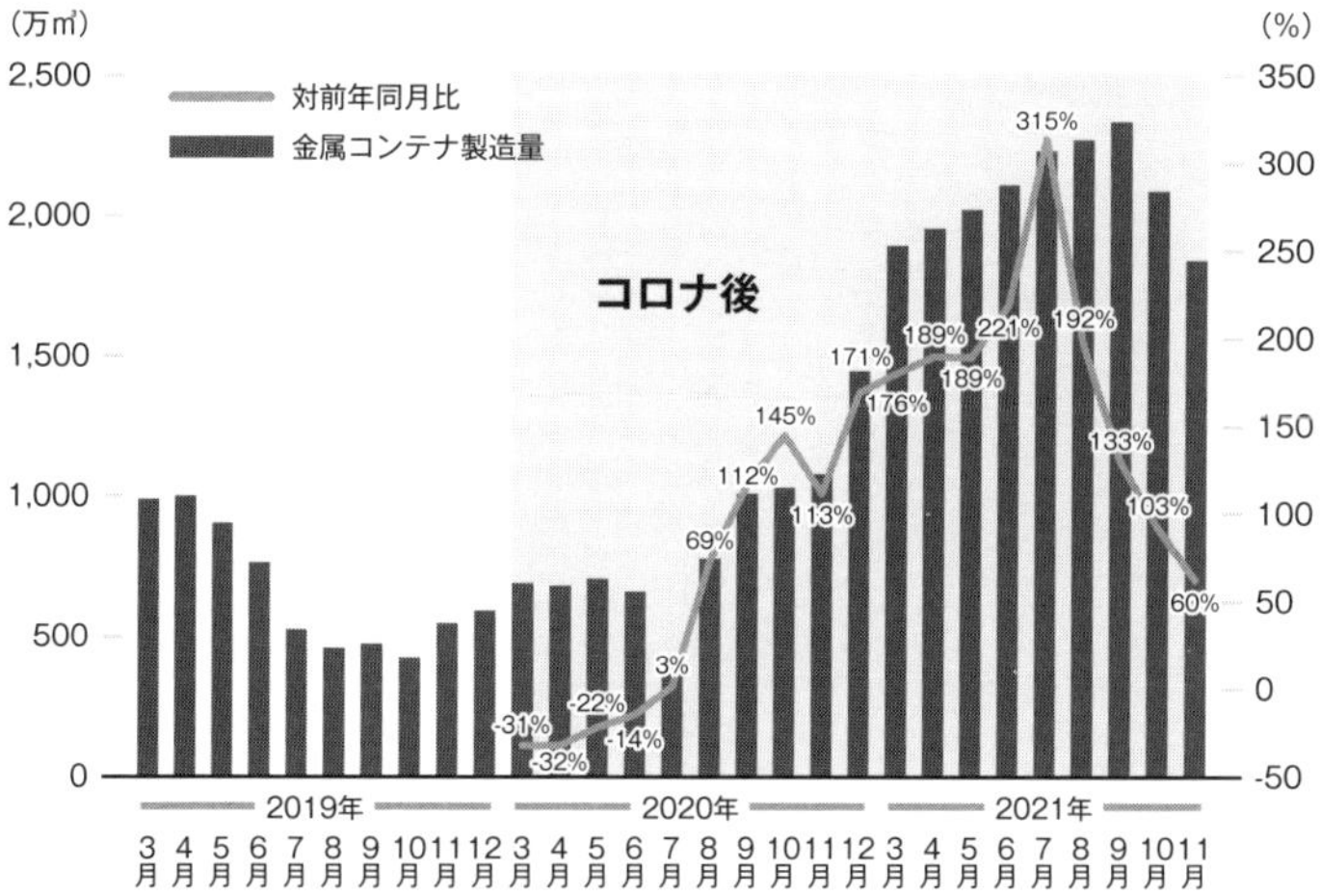


図4-2：中国における金属コンテナの生産量
出典：野村総研

の減少となりました。第2章で触れた通り、新造コンテナは90％以上が中国で生産され、まずは中国からの輸出に使用されることが一般的です。そのため、中国でのコンテナ製造が滞るにしたがって、世界で稼働するコンテナの数が少なくなってしまいました［3］。

つまり、**「コンテナ不足」が起こりやすい状況がすでにあった状況の下で、世界は新型コロナウイルスの感染拡大に直面した**というわけです。

ここから、先に挙げた①の「輸送の停滞」の状況が現れます。2020年春以降、世界中で渡航や外出の制限、検疫などの措置が講じられました。これによって工場の操業停止、倉庫や物流企業の活動縮小を通じてサプライチェーンが一度断ち切られます。とくに中国における生産停止の影響は甚大でした。2020年時点でIMF（国際通貨基金）のゴピナート経済顧問兼調査局長は、サプライチェーンが寸断してしまうことで国内外での部品調達ができなくなり生産コストが高まることを通じて、経済活動が低下するだろうと述べていました。中国での感染拡大が2020年1月末から2月の旧正月休みと重なったことも手伝って、荷動きの減少する時期に引き続いてコンテナ貨物輸送が減少。コンテナ輸送量は同年4～5月まで減り続けました。荷主企業は品物の調達を控え、海運会社は運航便数を少なくすることで需要減に対処しようとしました。

しかし、内陸輸送の停滞や港湾混雑による制約を受けてコンテナ回転の不足傾向が強まりました（②）。これが、コンテナ輸送サービスの供給不足を招いたのです。ここから物流、コンテナの停滞が玉突きのように発生する悪循環が生まれました。

感染拡大によって外出が制限されてしまったことで、鉄道や港湾、トラックドライバーといった物流関連の労働者が大きく不足し、コンテナがアジアから欧米諸国などの輸入国へ運ばれてから、アジアなどの輸出国にふたたび戻ってくるまでに必要な日数が長くなったのです。

内陸輸送の停滞の原因の一つは、荷主企業で荷物の受け取りが遅れたことです。荷主企業において、工場閉鎖などが起こったことや従業員の感染拡大によって、「荷物を受け取って箱を開けて、荷物を下ろす」デバンニングが滞りました。中に入っている荷物を下ろさないと、コンテナを返送できません。たとえば、2020年3月末から大手自動車メーカーなどが相次いで操業を停止したため、日本・アジアからのコンテナ貨物が米国内陸部で停滞しました。

さらにはトラックドライバーが不足したこと、鉄道ターミナルで労働力が不足したことも内陸輸送の停滞へとつながりました。ほとんどの国で港湾労働者やトラックドライバーなど物流関連の労働者はエッセンシャルワーカーとして扱われ、外出禁止の対象から除外されています[4]。それでも、労働者自身が感染する、家族が罹患《りかん》するなどの事態が発生すれば仕事を休まなければなりません。その結果、欧米諸国で荷役活動やトラックでのコンテナ輸送が停滞し、途中のコンテナヤードや鉄道ターミナルなどにコンテナや貨車が留め置かれるようになってしまったのです。

こうした輸送の停滞は、コンテナの箱をトラックに積むためのシャーシや、鉄道に載せるための貨車を不足させ、さらなる輸送停滞を引き起こすという悪循環の原因にもなりました。しかもターミナルにコンテナが滞留すると、列車がターミナルに入ってコンテナを下ろすことができなくなります。

港湾労働者も同じ理由で不足しました。ロサンゼルス港のように港湾労働者の間でクラスター（集団感染）が生じた例もあり、港湾での作業効率が低下しました。港湾の処理遅れがコンテナシャーシ、鉄道貨車やドライバーの不足を生むとともに、これらの不足が港湾の処理遅れを加速させる悪循環となりました。荷主のコンテナ受け取りや返送が遅れたこともシャーシやドライバーの不足を加速させました。

また、列車が渋滞することで、港からの出発もできなくなり、コンテナヤードにコンテナを止めておかなければならず、しかも想定以上の数のコンテナを留め置く必要が生じました。その結果、「日ごろコンテナを置かない場所にも一時的に積む作業」や、「日常的に使用しない搬送機械の稼働」が求められ、港での作業効率がさらに低下していったのです。

コンテナの置き場が確保できなくなったため、入港した船からコンテナを下ろす作業やコンテナを積み込む作業が遅れて、船はなかなか出港できなくなりました。すると、次に入港する船が港の沖で待つことになって、〝沖待ち〟が増加。この結果コンテナの回転が遅れ、新造コンテナの生産低下と相まって、「アジアにおける輸出用コンテナの不足」③の事態に陥ったのです。

港の活動が制約を受けていても、荷動きが少なければ問題は大きくなりません。しか

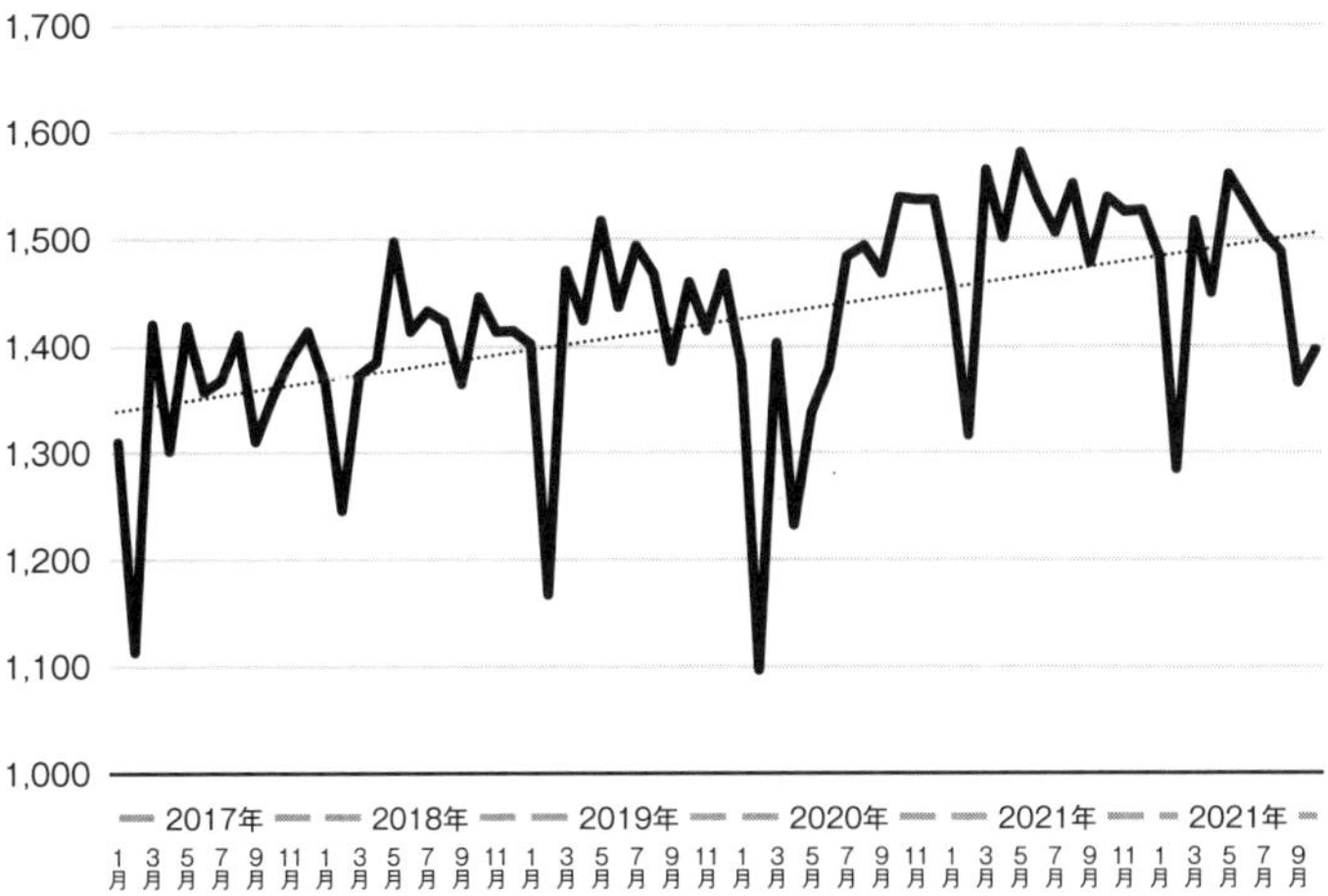


図4-3：世界のコンテナ輸送量（2017年1月〜2022年10月、単位：10,000TEU）
データ出所：Container Trades Statistics

し、**コロナ禍のもとでは、予想とは逆に貨物に対する需要が大きくなったために混乱が大きくなりました。**これが④の「巣ごもり需要と在庫確保の発生」です。

2020年下半期以降、中国の工場での生産回復が起こったのちに「巣ごもり需要」と小売・卸売業者の「在庫確保」が、コンテナ貨物輸送への需要を大きく喚起しました。全世界でのコンテナ輸送量は2020年上半期では前年同期比6・5%の減少から、下半期には同4・5%の上昇に転じています。【図4-3】を見ると、実線で示されたコンテナ輸送量が2020年後半から点線で示されたトレンドを上回って推移していることがわかります。

「巣ごもり需要」は、新型コロナウイルス感染拡大の影響で、行動制限が実施されたことで喚起されました。欧米を中心にテレワークや郊外への移住が進み、家での作業や引っ越しのために家具や電化製品が買われたこと、旅行ができない代わりにモノが買われたことが理由です。外出が難しくなったこともあってEコマースを通じた商品購入も増えました。また、米国ではコロナ禍のもとで2020年4月の雇用者数が2000万人減となり、働き手が1割も減少してしまったため、手厚い失業対策が実施されました[5]。**給付金や失業保険の上乗せによってコロナ対策予算は6兆ドルを超え、結果的に消費ブームに火をつけてコンテナ荷動きを活発化させた**のです。

「在庫確保」はコロナの影響を最小限にするため、早めに品物を調達しようとする動きによって起こりました。新型コロナウイルス感染拡大の初期には経済活動が停滞することが予想されていたこともあって、欧米の消費地における在庫が少なめになっていたためです。その後、巣ごもり需要の拡大を受けて、欧米の卸売業者や小売業者が欠品を恐れ、「輸入できるときに在庫を確保しようとする」動きも荷動きを増やしました。輸入側に対して荷物を届けなければいけない、そのためにコンテナ船のスペースを確保しなければいけない、と輸出側が考えた末に徹底したリスク回避策を取ったことが、バンドワゴン効果[6]をもたらし、荷動き急増に寄与したのです。

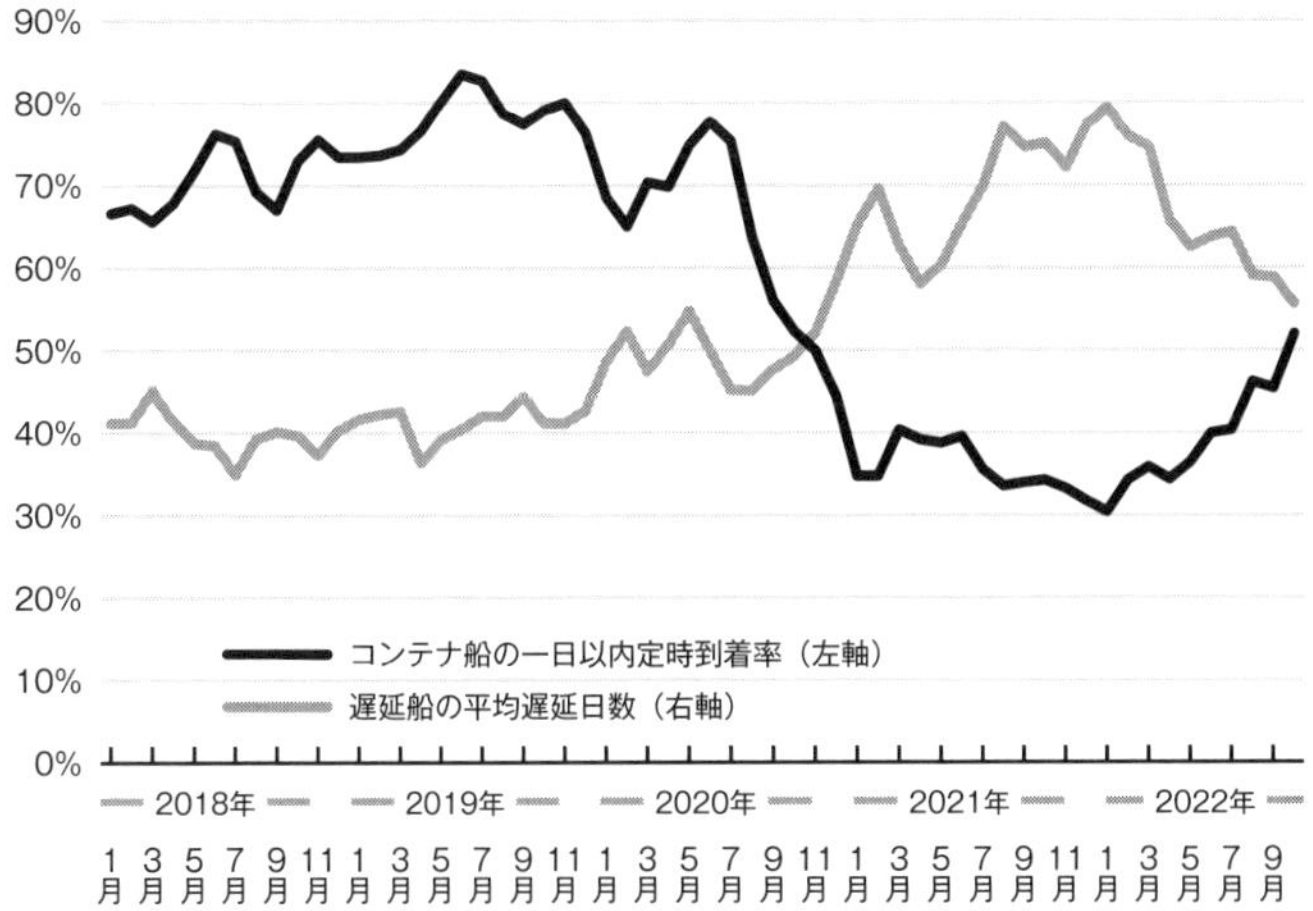


図4-4：世界のコンテナ船日程順守率（2022年10月まで）
データ出所：Sea Intelligence

その結果、２０２０年後半は、荷動きの急増に空コンテナや船舶スペースの確保が追い付かない状況に転じました。２０２０年の全世界のコンテナ貨物輸送量は、通年で見るとマイナス１・０％となり２０１９年とほとんど変化がないようでしたが、上半期はマイナス６・５％であったのに対し、下半期は４・５％増と、状況が一変していたのです。世界の主要航路であるアジア発北米航路では上半期14・8％減に対して下半期が21・6％増、アジア発欧州航路では上半期26・8％減に対して下半期が2・8％増でした。とある船社OBはこのことを指して「２０２０年に需要のタイミングが歪んだことがサプライチェーンの混乱のきっかけとなった」とコメントしています。

基幹航路でのコンテナ不足は世界的に波及して他航路でのコンテナ不足を招くことになりました。スケジュールで定められた到着予定より、コンテナ船の到着が一日以上遅れていないかどうかの割合（日程順守率）をみると、2019年までは70～80％で日程順守がなされていたものが、【図4-4】にあるように、コロナ禍に入った2020年後半以降は順守率が低下していきました。船の遅延が物資輸送の遅れにつながるのは、直感的に理解できると思います。遅延した船舶の平均遅延日数も2019年までの約4日に比べ増加傾向を見せるようになりました。

前述のように、コンテナ船はスケジュールに沿った運航を行うため、運航の遅延が起こると、スケジュールを回復するために抜港や欠便を行うことがあります。一部の港では抜港・欠便が発生したことで、輸送できる貨物量が絞られる事態につながりました。

欠便が生じたとしても、別の航路から船を集めて運航すればよいのではないかと思われるかもしれません[7]。しかし、使える船は多くありませんでした。2021年1月現在で係船[8]されていたコンテナ船は144隻、船腹量で見て約64・5万TEU、世界で運航されている約2・7％でした。しかも、このうち72隻、33・1万TEUは修繕ヤードに

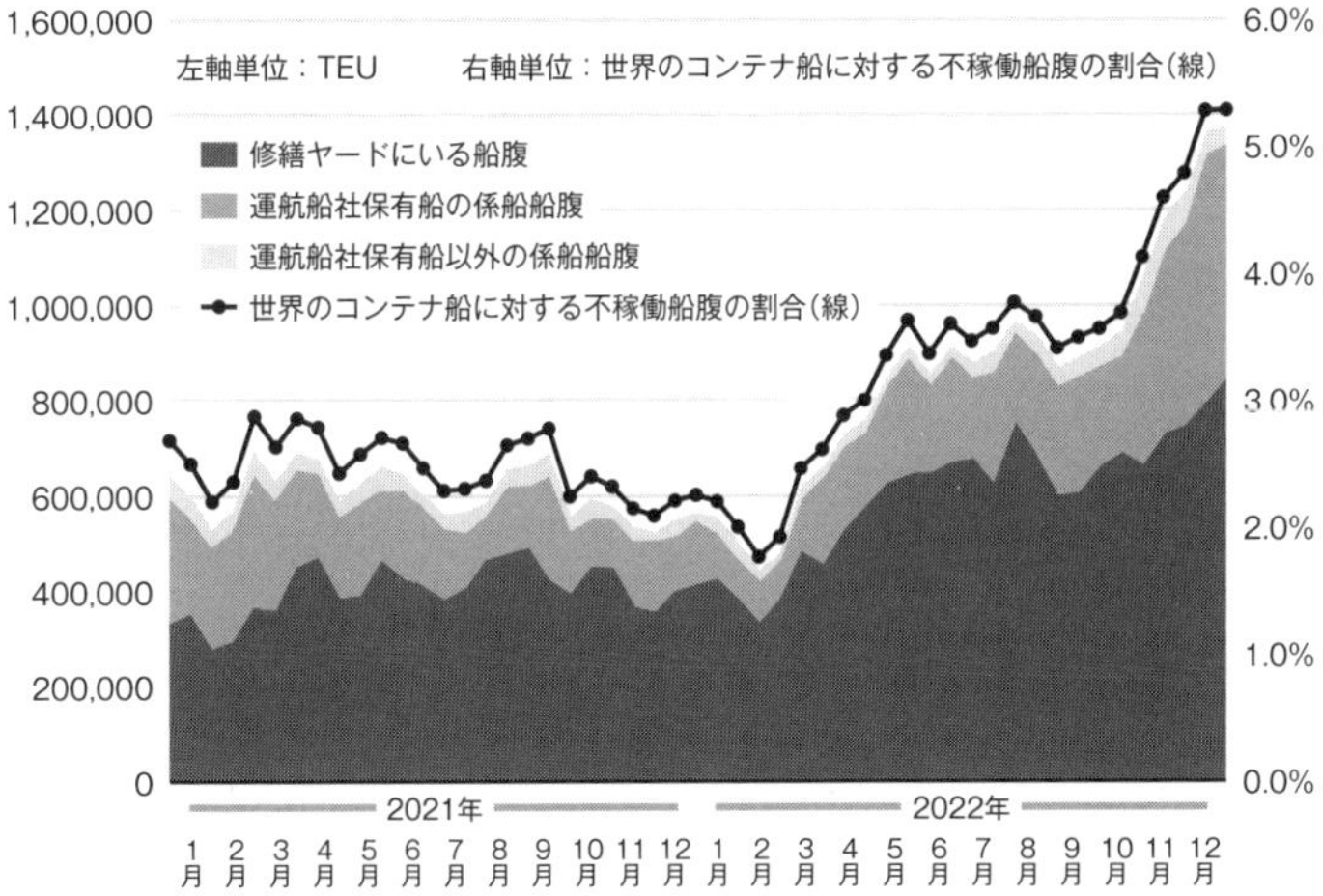


図4-5：世界のコンテナ船係船船腹量（2022年12月まで）
データ出所：Alphaliner

入っている船（船腹量）であり、すぐに運航できる船はそこまでなかったのです【図4-5】。

それでも北米航路と欧州航路に向けて他航路のコンテナや船腹を転用する動きは生じていました。

制約を受けた供給と堅調な需要を反映して運賃が高騰しましたが、船舶やコンテナの転用・転配を通じて、コンテナ不足の影響がほかの航路にも波及していきます。

コンテナ不足や港湾混雑の影響を北米航路の次に受けたのは欧州航路であり、北米航路の次に運賃上昇が発生していきます。さらに東南アジア航路やほかの航路へもコンテナ不足と運賃上昇が波及したのです。ここからが⑤の「コンテナ運賃の高騰と輸送の遅滞」になります。

2021年に入ってもサプライチェーンの混乱による供給制約は続きました。コンテナ貨物輸送量は高い水準で推移し、通常は輸送量が激減［9］する春節の時期（2021年は2月）も例年より多い輸送量となりました。運賃水準は2021年初頭ではやや下落気味に推移していたものの、3月23日に起きたエバーギブン号の座礁事故をきっかけに急上昇に転じます。一時的に通航が止まったスエズ運河が再開通した後、これまで詰まっていた船が欧州・北米東岸側の港に押し寄せることで港湾混雑や荷役の停滞を招いたためです。さらに5月の塩田港でのクラスター発生、11月のバンクーバー洪水などのアクシデントが、さらなる運賃上昇を招きました。内陸輸送のボトルネックが解消されず、港湾混雑が続いた結果、【図4-4】にもある通り、船舶の定時到着率は2021年を通じて30％台にとどまることになりました。

港湾における混雑がピークを迎えたのは2021年後半から2022年初頭でした。需要は強い状態が続いたため、問題を解消しきれないまま2021年後半まで来て、クリスマス商戦に重なる形になりました。この時、世界各地の港湾で沖待ちが発生し、北米西岸や地中海、アジアの港湾でも激しい混雑がみられました。とくに北米西岸の混雑はすさま

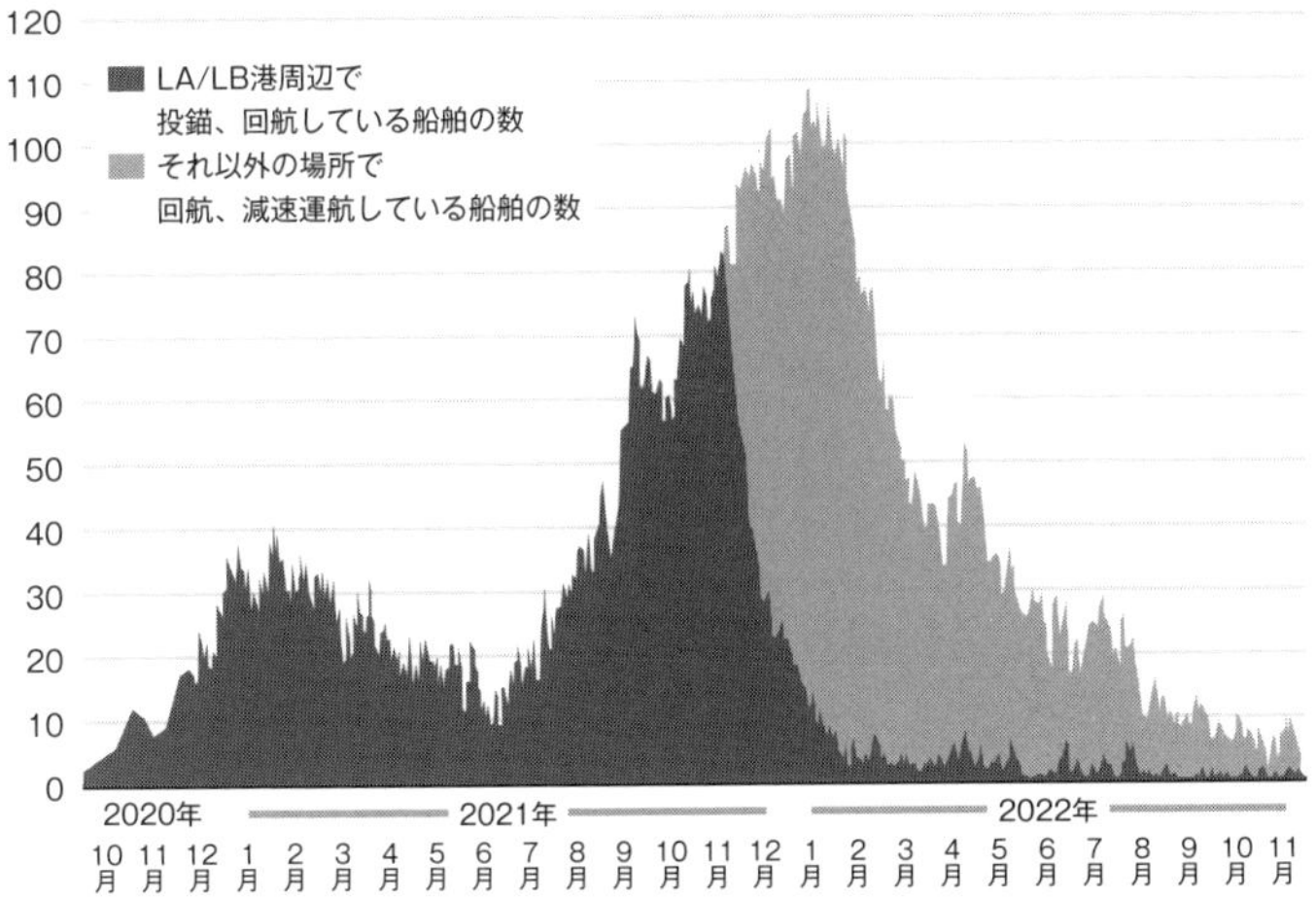


図4-6：ロサンゼルス・ロングビーチ港での待機船舶の動向（2022年11月まで）
データ出所：Freight Waves

じく、【図4-6】にある通り、2022年1月9日には、ロサンゼルス・ロングビーチ（LA／LB）港周辺での沖待ちが過去最高の109隻に達しました。

2022年に入って、主要航路における同年前半の荷動きは引き続き堅調でした。これは荷主が船の混雑や内陸輸送の遅れを見込み、年末商戦も見据えて品物を早めに調達するべく、引き続き駆け込みで発注していた可能性が高いです。そのため、2022年前半は非常に荷動きが多く、2021年と変わらない水準で推移していました。

混雑は徐々に落ち着いてきたものの、まだ春の時点では北米西岸のロサンゼルス・ロングビーチ港において約50隻の船が沖で入港を待っていました。一方、チャールストンやノーフォークなど北米東岸では、西岸での労働争議の問題〔10〕に備えてむしろ港湾混雑が悪化する傾向がみられていました。また、中国各地でのロックダウンを受けて、4月に入ってから中国の港でも滞船が増加しています。北欧州でもハンブルクなどで港湾混雑が継続しており、こうした港湾混雑を背景にスケジュール遅延に起因するとみられる欠便が発生していました。

そのため、世界全体で見れば運賃水準やスケジュールの遅れも大きな変化はなく、たとえば2022年2月にJETROがASEANで企業活動を行う日系企業にアンケートを取った際には、日系現地法人の約6割がスケジュールの遅れや運賃高騰による影響を受けていると回答し、状況に変化はない、悪化しているといった回答が多くを占めていました。

流れが大きく変わったのは2022年後半以降のことでした。これが先述した「⑥過剰在庫と運賃の反転」に当たります。欧州では2022年後半になって荷動きが大きく減少に転じました。米国も欧州から少し遅れたものの、年末を控えた時期に輸送量が減少したのです。

欧州では高インフレやエネルギー価格高騰などの影響で景況感の悪化が鮮明となっており、これが輸入需要の下振れにつながったとみられています。また、人々が外へ出て行動するようになったことでモノ消費が減り、荷物に対する需要が落ちていることも原因の一つとなっています。

もう一つの大きな需要地である米国では、ウォルマート、ターゲットなど米国小売大手が過剰在庫の問題に直面し、アジアからの輸入量を絞り込み始めました。また、物価高を受けて住宅ローン金利の上昇が起こり、その影響を受けて2022年2~4月に月平均177万件の水準にあった住宅着工件数は、9~10月に140万件台に低下。第1章でも触れた通り、住宅市場の動向はコンテナ輸送にも大きな影響があります。結果として、2022年後半から年末にかけて荷動きが落ちており、例年は秋ごろにピークを迎えるコンテナ輸送量は、これまでとかなり異なるパターンを見せたのです。船のスペースに空きが出てきたことで不安感が減り、とくに2022年夏頃からは運賃下落基調が強くなって、2022年末には2020年初と大きく変わらない水準まで運賃が下がっています。

運賃が下落基調にあるなか、海運会社にとっての懸念点は、**コロナ前より運航コストが上がっていることです。理由は2つあり、原油価格高騰と環境対応投資**です。環境対策ができない、あるいは燃料費上昇に対応できないレベルまで下げることは会社経営上難しいでしょう。反対に、そこまで下がってしまうのであれば欠便あるいは航路から撤退する形で対処せざるを得ません。

しかも、2022年後半になって、2020年後半以降に発注された新造船が竣工し始めており[11]、供給過剰懸念があることは確かです。コンテナ船の供給が本格的に増えるのはこれからです。恐らく2023年から竣工ラッシュに入り、さらに船腹量が増えていく見通しです。これに対して、環境規制による減速航行やスクラップ、係船でどれだけ供給が絞られるかが今後の基本的な需給動向に関わるポイントになります。短期的には、すでに行われているように欠便や迂回航行などで対応していくことになるでしょう。

## コラム13 マスク輸送の問題と輸送手段の選択

コロナウイルス感染の問題が重大化してきた2020年初頭、日本ではマスク輸入の問題が大きくクローズアップされていました。【図4-7】はマスクの国内在庫の推移を示しています。需要が急増したことで、販売が調達を上回る状況が続き、2019年度末時点でマスクの国内在庫は1.7億枚ほどまで下がりました。この時期にマスクを買うために奔走したり、値段の高さに驚いた方々も多いはずです。2020年3月以降、輸入量の増加と合わせて輸入単価の上昇がみられ、2020年2月に1123円／kgだった輸入単価は5月に4535円／kgに達しました【図4-

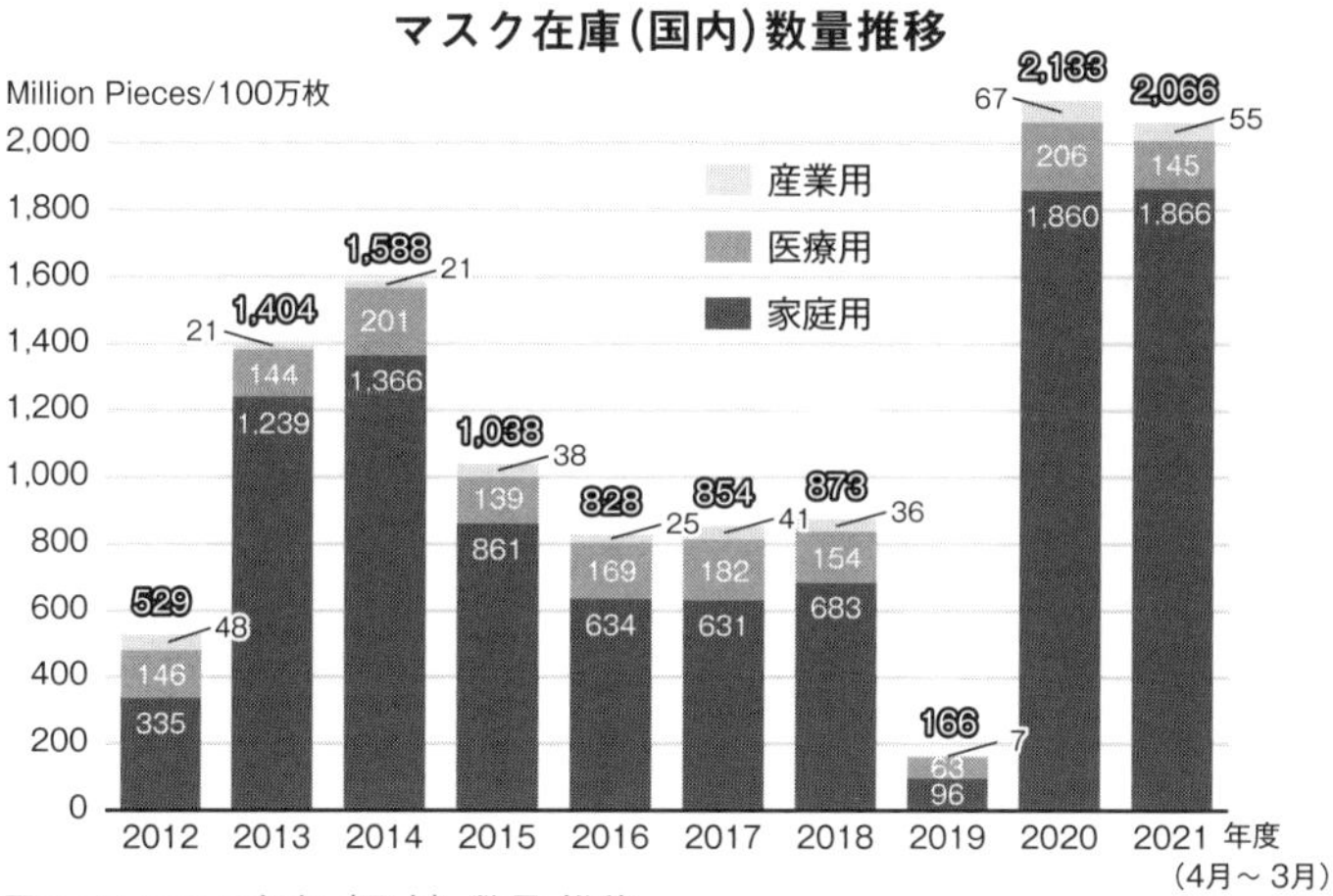


図4-7：マスク在庫（国内）数量 推移
出典：(一社)日本衛生材料工業連合会

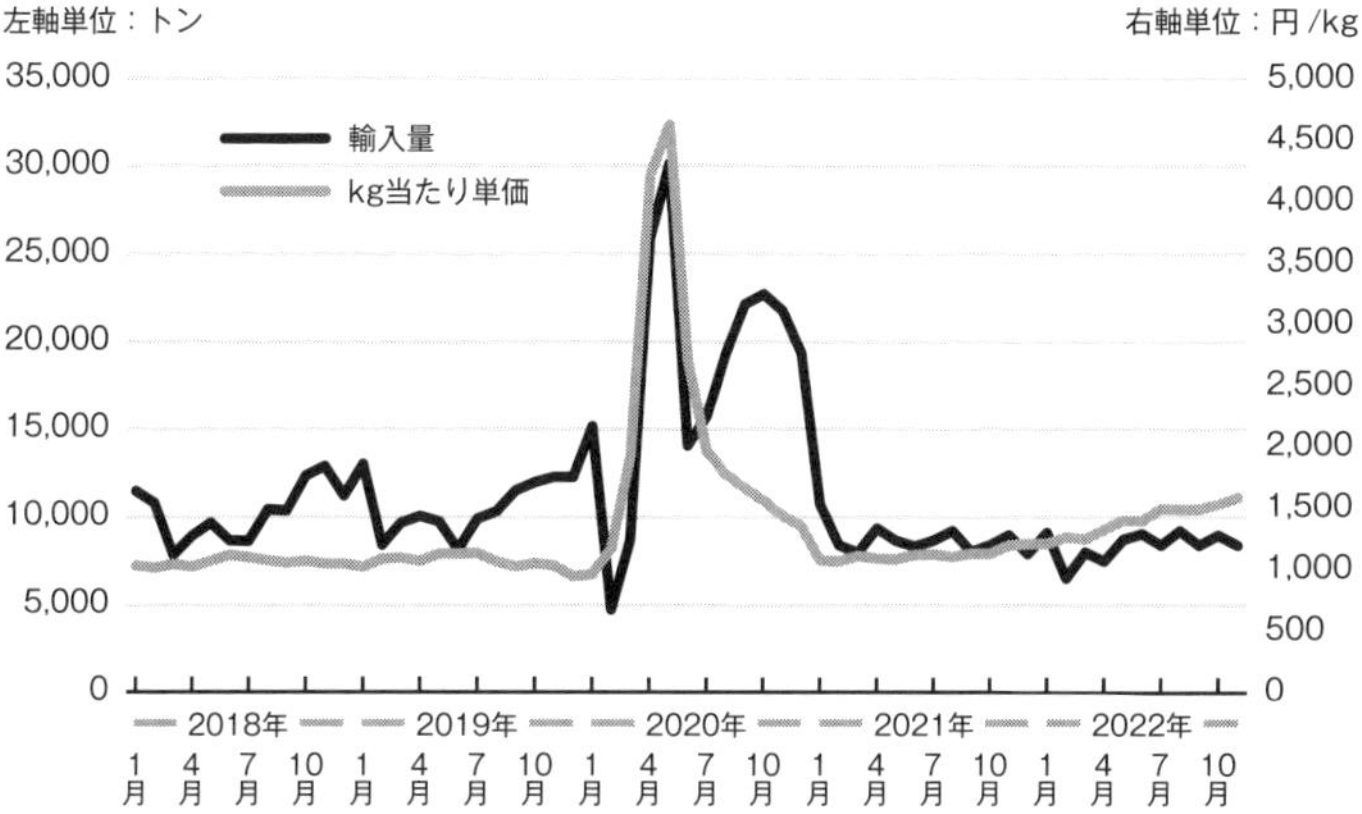


図4-8　日本のマスク輸入量とkg当たり輸入単価の推移（2018年1月～2022年11月）
出典：財務省「貿易統計」

8】。

マスクはもともと輸入が多いことが知られています。2019年度時点では国内に供給された64・6億枚のうち、49・7億枚が輸入されていました[12]。ちなみに輸入量の約90％は中国からの輸入です。

通常、マスクはコンテナ輸送を使って輸入されます。2019年時点で航空輸送を使って輸入されたマスクのシェアは1・3％にとどまっていました。しかしながら、需要が急増して在庫が足りない状況を解消し、価格の高いうちに販売しようとする目論見もあり、2020年初頭は飛行機での輸送が急増、航空輸送の比率は同年4月に22・2％にまで達したのです。それだけ、マスクの輸送が急を要していたことがわかります。その後、供給が安定してくると、単価も下落しました。航空輸送比率は2021年には1・4％に戻っています。

## コラム14　コンテナ船の「リスク」と「コスト」――スエズ運河座礁事故

2021年3月、スエズ運河で発生したエバーギブン号の座礁事故【写真4-1】は大きく報道されましたが、この際にコンテナ貨物が船舶と一緒に拘留される事態が発生しました。スエズ運河庁が4月に1000億円近い賠償金を要求し、エバーギブ

写真 4-1　スエズ運河で座礁したエバーギブン号
出典：https://commons.wikimedia.org/wiki/File:Ever_Given_in_Suez_Canal_viewed_from_ISS.jpg

ン号の船主[13]である正栄汽船と保険各社がこれを拒否したために、運河庁の申し入れを受けて停泊中の船舶をエジプト当局が差し押さえてしまったのです。賠償金を減額したうえで交渉が成立し、エバーギブン号が最終的に解放されたのは7月のことでした。

賠償金自体は保険でカバーされるため、直接の負担は多くない[14]ものの、船そのものだけでなく、20フィートコンテナ換算で1万8000本を超える貨物も一緒に拘留されたことが問題になりました。通常、船舶の差し押さえでは、まず貨物を下ろすことを許可して貨物を解放するので、これは異例の事態でした。

このように荷主が関係するようになると、とくにコンテナ輸送の場合は荷主の数が多いため、保険の査定などの作業に関わる関係者が一気に増え、事故処理が終了するまでにかなりの時間がかかるようになります。近年コンテナ船の大型化が進んだことで、事故処理や賠償責任、関係当局・企業との折衝なども量が増えるだけでなく、内容も複雑化しているのです。

スエズ運河の座礁事故とは別に、近年コンテナ船から貨物が海に落ちる事故（落水事故）が増えています。こちらも大型化による事故の規模の拡大が懸念されています。コンテナ船業界団体のＷＳＣ（World Shipping Council）が発表したコンテナ落水事故に関する２０２２年版の調査レポート[15]では、２００８〜10年の３年間では、年間の平均落水本数が６７５本であったものが、２０２０〜21年では３１１３本に増え、大型船での落水事故が相次いで発生したことが平均を押し上げていることが指摘されています。海運会社も以前からこうした危機感を持っており、大型コンテナ船からの落水事故の原因究明に向け、業界横断プロジェクトが各国政府や造船所などとも連携する形で進められています。

## 世界経済に影響を与える「北米西岸港湾の労使交渉」

コンテナ輸送をめぐるリスクとして、北米西岸港湾の労使交渉の問題があります。アジア発米国東岸着コンテナ輸送では、ロサンゼルス（ＬＡ）やロングビーチ（ＬＢ）、タコマなどの西岸港湾でコンテナを船舶から鉄道に積み替えるインターモーダル輸送が多く用いられています。しかし、西岸では労働組合によるスローダウン（怠業）やストライキなどの懸念があり、パナマ運河を経由して海上輸送ルートで北米東岸に到達する貨物が増える傾向にあるのです。以下では、北米西岸の労使交渉をめぐる話題について紹介します。

ロサンゼルスやロングビーチ、タコマなど米国西岸29港では、労働者約１５５００人が加盟する国際港湾倉庫労働組合（International Longshore and Warehouse Union; ＩＬＷＵ）[16]と西岸で業務を行うコンテナ船社やターミナルオペレーターなど約70社が加盟する使用者団体、太平洋海事協会（Pacific Maritime Association; ＰＭＡ）との間で労使協定が結ばれており、定期的に更新がされています。1999年までは3年ごとの更新でしたが、2002年以降は6年ごとに変更されました（ただし、直近の更新については、労使協定の有効期間が延長されたのちに、2022年の更新期限を迎えました）。

これまでの協定更新時も、労使交渉の長期化や決裂が起こったために、港湾でのコンテナの取り扱いが遅れ、港にコンテナが滞留したり、船が港に入れずに貨物の積み下ろしを行えなくなる事態が生じていました。2002年には更新交渉決裂後、ILWUによる意図的なスローダウンに対抗してPMAもロックアウト（港湾封鎖）[17]を実施しています。その結果、多くの滞船が起こるなど物流に大きな混乱が生じました。このときは、日系自動車メーカーなどは部品を航空輸送で輸入するなど対応を迫られました。

2008年の協定更新は順調に進んだため、物流が混乱する事態には至りませんでしたが、2014年5月に始まった労使協定の改定交渉では健康保険給付金について暫定合意が得られたのちは、ILWUとPMAの対立が埋まりませんでした。【表4-1】にもある通り、同年11月以降、両者の対立は激化し、ILWUによる組織的スローダウンや熟練労働者の配置拒否が行われました。2015年に入るとPMAも本船荷役の中止など、対抗措置をとり始め、同年2月にはロックアウトの可能性も懸念されるようになったのです。

しかし同月、連邦政府から派遣されたペレス労働長官の仲介で暫定合意に達し、同年5月

| | |
|---|---|
| 2014年5月12日 | ILWUとPMAによる交渉開始 |
| 6月30日 | 2008年に締結された協約の失効 |
| 7月 1日 | ILWUとPMAが交渉が継続中であること、オペレーションを継続する旨を発表 |
| 8月26日 | 健康保険給付金について暫定合意が得られたことをILWUとPMAが発表 |
| 11月 3日 | PMAが10月末からILWUによりタコマ・シアトル港でスローダウンが行われていることを発表 |
| 11月 3日 | II WUがPMAの発表について「メディアを通じた攻撃で、混雑の要因はほかにある」と反論 |
| 11月 6日 | PMAが「ILWUがLA/LBにおいてヤードクレーンの熟練労働者の派遣を拒否している」と発表 |
| 11月 6日 | 全米小売業協会がオバマ大統領に早期解決を求める書簡を送付 |
| 11月10日 | ILWUがPMAの発表について「混雑の原因はILWUの責任ではない」と反論 |
| 11月17日 | PMAが「ILWUがオークランド港でもスローダウンを始めた」と発表 |
| 11月23日 | ILWUが港湾混雑の原因について「経営者たちが間違った主張を振りまいている」と発表 |
| 12月17日 | PMAが交渉の状況について「いくつかの問題について両者の隔たりは依然大きい」と発表 |
| 12月22日 | PMAが米国連邦調停局（FMCS）に仲介を依頼したことを発表 |
| 2015年1月 2日 | PMAが「ILWUによる熟練労働者の派遣拒否が混雑を限界まで近づける」と主張 |
| 1月 2日 | PMAが夜間の本船荷役に配置する作業員の数の削減を開始 |
| 1月 5日 | FMCSがPMAとILWUからの依頼に基づいて仲介を行うことを発表 |
| 1月12日 | PMAが「ILWUによるスローダウンがターミナルの活動を停滞させている」と主張 |
| 1月13日 | ILWUが「PMAの関係者が港湾混雑の主要因は港湾労働者にないことを認めた」と発表 |
| 1月26日 | Journal of Commerce誌が「PMAとILWUがシャーシの維持管理と修繕に関して暫定合意」と報道 |
| 2月 4日 | PMAがILWUに対して新たな提案を公表 |
| 2月 4日 | ILWUが「合意できていない内容はわずかでロックアウトはすべきでない」と声明 |
| 2月 5日 | ILWUが2月4日の発表を「ロックアウトを行うという脅しだ」と非難 |
| 2月 6日 | PMAが週末の本船荷役作業を一時的に中止することを発表 |
| 2月 9日 | ILWUがウェブサイトでLB港のターミナルの航空写真を公開 |
| 2月 9日 | PMAが「ILWUが紛争時の仲裁人の一方的解雇権を要求している」と公表 |
| 2月11日 | PMAが休日・祝日の本船荷役作業を中止することを発表 |
| 2月14日 | 米国政府がペレス労働長官を派遣 |
| 2月20日 | ILWUとPMAが暫定合意 |

表4-1：2014～15年の北米西岸労使交渉の経緯
出典：松田琢磨（2015）“北米西岸労使協約改定の経緯とコンテナ物流への影響”、日本海事新聞2015年3月

にＩＬＷＵの組合員投票を経て新しい労使協定に正式に署名が行われました。

２０１４年から15年の改定交渉をめぐる混乱状況は、本船の港内滞在時間の増加と入港隻数の減少にも現れました。【表４-２】にもある通り、平年との滞在時間の差は２０１４年10月に22・６時間と大きくなり、次いで11月には入港隻数の差が約20隻に広がっています。この傾向は交渉が暫定合意に達した２０１５年２月まで強まる傾向にあり、同月には平年との滞在時間の差が１３１・２時間、入港隻数の差が２０９・７隻に達したのです。

当時、アジア18カ国から米国に向けたコンテナ貨物の輸送量は２０１５年に史上最大を記録しており、労使交渉が紛糾していた時期も米国向けの輸送需要は順調でした。にもかかわらず物流混乱が起こったために荷主たちは米国西岸港湾経由での海上コンテナ貨物輸送の代わりに、カナダ西岸港や米国東岸港を経由する海上コンテナ貨物輸送への切り替えや、航空輸送の採用を行いました。

カナダ西岸港への切り替えが行われた結果、２０１４年12月にバンクーバー、プリンスルパート両港で取扱量が増え、それぞれ単月で６・３％増、50・６％増を記録。米国東岸港を経由する海上コンテナ貨物輸送も増加し、２０１４年10月から２０１５年２月にかけてアジア発米国東岸向け貨物のうち、東岸港で荷物を揚げる割合は通常の60％弱から70％近くまで上昇する動きを見せました。対策として最も多く取られたのは東岸港経由へのシ

| | 当年の値 | | | 過去3年の平均値 | | | 当年と過去3年平均値の差 | | |
|---|---|---|---|---|---|---|---|---|---|
| | 入港隻数 | 入港船腹量（単位：TEU） | 平均港内滞在時間（単位：時間） | 入港隻数 | 入港船腹量（単位：TEU） | 平均港内滞在時間（単位：時間） | 入港隻数 | 入港船腹量（単位：TEU） | 平均港内滞在時間（単位：時間） |
| 2014年3月 | 338 | 1,973,768 | 39.5 | 341 | 2,010,505 | 49.9 | -3 | -36,737 | -10.4 |
| 4月 | 353 | 2,108,270 | 38.8 | 341 | 2,011,220 | 45 | 12 | 97,050 | -6.1 |
| 5月 | 378 | 2,248,493 | 39.3 | 357 | 2,098,479 | 39.6 | 21.3 | 150,014 | -0.2 |
| 6月 | 355 | 2,099,902 | 38.2 | 357 | 2,098,740 | 39.8 | -2 | 1,162 | -1.6 |
| 7月 | 341 | 2,039,346 | 37.8 | 378 | 2,214,553 | 41.1 | -36.7 | -175,207 | -3.3 |
| 8月 | 345 | 2,081,848 | 40.3 | 372 | 2,198,694 | 41.8 | -27.3 | -116,846 | -1.5 |
| 9月 | 339 | 2,081,023 | 44.3 | 364 | 2,132,988 | 39.6 | -24.7 | -51,965 | 4.7 |
| 10月 | 358 | 2,157,908 | 62 | 345 | 2,036,127 | 39.4 | 12.7 | 121,781 | 22.6 |
| 11月 | 317 | 1,892,193 | 79.2 | 337 | 2,005,560 | 42.2 | -19.7 | -113,367 | 37 |
| 12月 | 330 | 1,997,283 | 88.8 | 352 | 2,099,132 | 44.1 | -22 | -101,849 | 44.7 |
| 2015年1月 | 250 | 1,489,255 | 140.4 | 443 | 2,642,591 | 41.3 | -193.3 | -1,153,336 | 99.1 |
| 2月 | 223 | 1,366,097 | 173.9 | 433 | 2,544,058 | 42.7 | -209.7 | -1,177,961 | 131.2 |

表4-2：北米西岸主要港におけるコンテナ船（3,000TEU以上）入港隻数、積載TEU、港内平均滞在時間の推移
注1：シアトル、タコマ、ポートランド、オークランド、LA、LBの6港
注2：15年2月は26日までのデータを集計・計算したもの
注3：網掛けは労使間の対立が激化した時期
データ出所：IHSデータをもとに著者作成

フトだったのです。

航空輸送への切り替えも行われ、2014年12月以降輸出・輸入双方で航空輸送急増がみられました。たとえば、2014年11月から、暫定合意に達して混乱が収束に向かった2015年3月まで、アジアから輸出された航空貨物輸送量は米国向けが前年同期比37・4%増の101・4万トン、アジア向けが同11・8%増の52・7万トンでした。

単月ベースでみると米国向けでは、2015年1月や2月のように海上コンテナ輸送量が前年同月比でマイナスとなった月があり、航空貨物による海上コンテナ輸送の代替が行われたことを示唆しています【図4-9上】。アジア向けでも海上コンテナ輸送が前年同期比で減少する一方で航空貨物輸送量では増加が続き、やはり航空輸送での代替が行われたと考えられます【図4-9下】。

**アジア発米国向け貨物について航空貨物輸送へのシフトの中心となったのは、単価が比較的高く、かつ運賃負担力が高い品目**でした。ただし、シリコンやねじなど単価が高くない製品についても原材料の緊急輸送が見られました。また、米国発アジア向けのほうでも、サプライチェーン、商品のラインナップ維持のために運賃負担力が高いとはいえない品目の緊急輸送が行われました。通常は航空輸送されない日本向け冷凍ポテトが2014年12月に単月で890トン運ばれたのはその一例と言っていいでしょう。

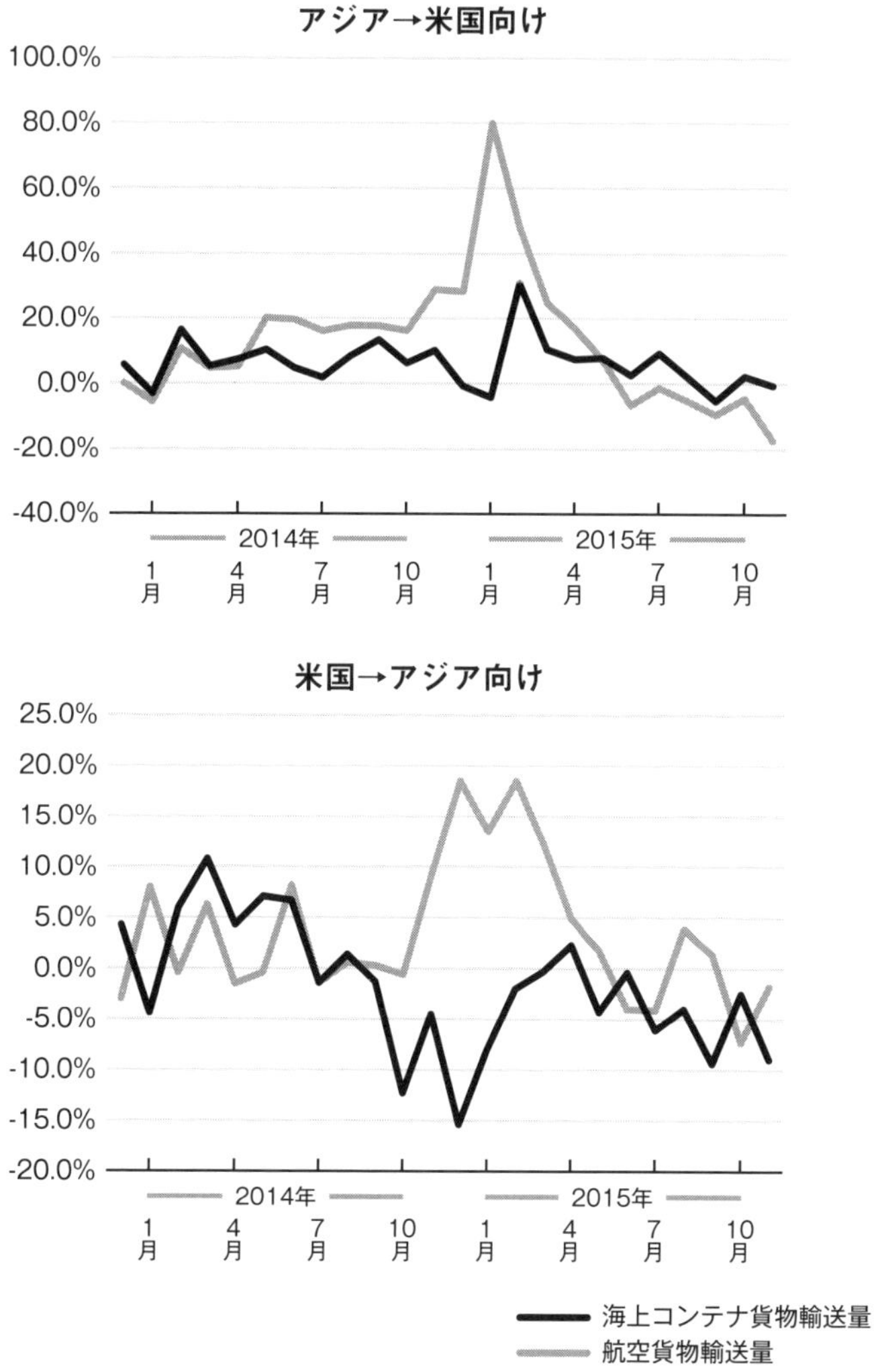


図4-9：アジア・米国間の貨物輸送量

2022年の労使協定の改定に向けたILWUとPMAの間の交渉は5月から開始されたものの、すでに7月1日には失効してしまいました。2023年1月現在、米国の西岸港湾では改定前の協定に基づいて荷役が行われています（協定が改定されない場合でも荷役活動が停止されないようにするための暫定的な措置）。7月26日に医療給付に関する項目で暫定合意してからは大きな進展が見られず、膠着状態が続いています。医療給付が先行して合意されたのち労使協定の合意まで時間がかかっている点は前回交渉と同じ経緯です。

ILWUとPMAの争点には賃金に関する交渉に加え、「職域確保」や「自動化」などがあります。「職域確保」のトピックにおいては、シアトル港のターミナルの保守・管理に組合員を使うことを保障する契約を労使交渉で主張しています。これに対してPMAは、2020年に全米労働関係委員会が同ターミナルの管轄権が国際機械工労組（IAM）にあると裁定していることから、ILWU側の要求を拒否しています。

「自動化」については、2008年の交渉ですでにILWUが自動化ターミナルの設置を受け入れていた経緯があり、TraPacのような自動化ターミナルが運用を開始しています。しかしながら、さらなる自動化ターミナルの導入には組合が反発しているとのことです。今後、長期的にコンテナ取扱量が増加していくのに対応して自動化の進行は避けられないことから、今後は職域確保や自動化に向けてのトレーニングセンターの設置などの条件闘争が行われると言われています。

11月中旬にオークランド港で、ＩＬＷＵの組合員が１日だけスローダウンを行ったことが確認されたあと、小規模な作業停止が各地で起こっているものの、大規模な荷役スローダウンなどは起きていません。しかしながら、協定の改定は２０２３年に持ち越されています。

一方、北はメイン州から西はテキサス州までの東岸・ガルフ（メキシコ湾岸）では、労使交渉はスムースに進むと見られています。報道によると、港湾労働者の労働組合であるＩＬＡは、２０２４年に控えた労使交渉で円滑に労使協定の締結が進みそうだという見通しを示しました。

ちなみに米国の鉄道労使交渉では、政府仲裁案に対して4つの組合が合意に反対し、ストの懸念が高まっていました。２０２２年12月9日からストライキが始まる可能性があったものの、米国議会では、12月1日までに鉄道労働法に基づき、すべての関係者に拘束力のある契約を履行できる暫定合意案を上下両院で可決しました。これは組合員による投票の結果に関係なく、政府調停案の受け入れを義務化するものです。報道によると、過去30

年で議会が鉄道労使交渉にこれだけ関与するのは初めてだということです。西岸における労使交渉でも、スト回避のために連邦政府や議会による何らかの関与がある可能性はあると思われます。

常々、北米西岸における労使交渉やストライキの懸念は荷主や海運会社にとって、安定的な運航に対するリスクとみなされてきました。しかも2022年上半期時点ではサプライチェーンの混乱が大きかったため、早めに貨物を輸入する動きが荷動き量を押し上げていました。そのため、多くの荷主はサプライチェーンの混乱に加えて協定改定に伴うスローダウンやストライキの可能性を織り込んで、前述のように西岸だけでなく東岸やガルフの港湾を経由して貨物を運ぶ動きを見せています。ニューヨーク・ニュージャージー（NYNJ）港湾局によれば、2022年に入ってから少なくとも60万TEUの輸入貨物が西岸港湾からNYNJ港にシフトしたと分析しているとのことです。

このような動きを受けて、アジア発米国向けコンテナ荷動きでは、西岸港揚げのシェアが低下しています【図4-10】。コロナ禍前まではロサンゼルス・ロングビーチ港などの西岸港で貨物を揚げる割合は約6割でした。しかし、2022年8月に初めて50％台を割り込み、10月まで3カ月連続で40％台で推移するようになりました。9月には、NYNJやサバンナなど東岸港、ヒューストンなどのガルフ港を合算したシェアが西岸を逆転してい

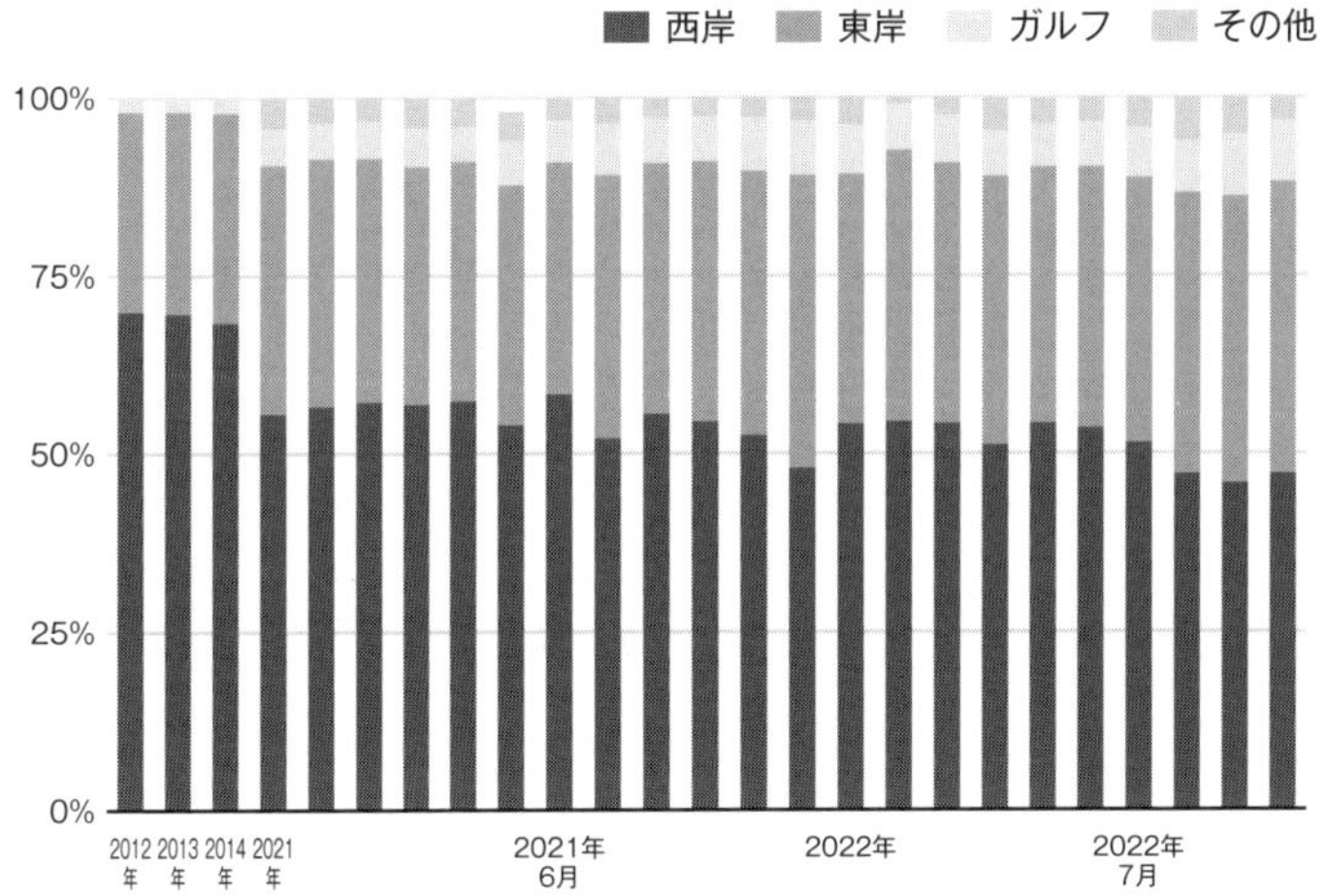

図4-10：アジア発米国向け東航荷動きにおける、地域別母船揚げ港のシェア推移
データ出所：(公財)日本海事センター

ます。

２０１４年から15年にかけての西岸における労使交渉問題による混乱は、輸送需要が増えていたことも問題を大きくすることにつながりましたが、現在は輸送需要は減少傾向ですし、先述したように、西岸における労使交渉でもストライキ回避のために連邦政府や議会による何らかの関与がある可能性があります。これらの点を踏まえると、労使交渉による問題は、ストライキやスローダウンが大規模なものにならない場合は、著しい輸送の混乱にはつながらない可能性が高いです。ただし、労使交渉が紛糾したり、政府や議会による関与がないままにストライキやスローダウンが続けば、荷動き

の遅滞や市況への影響を考えなければならない場面が出てくるかもしれません。

## コラム15　ロシアのウクライナ侵攻とコンテナ輸送

ウクライナは小麦やトウモロコシの主要な輸出国であり、鋼材や鉄鉱石の輸出も多い国です。2022年2月24日にロシアがウクライナへの侵攻を開始した直後から、食料やエネルギー等の国際海上輸送が大きな影響を受けました。黒海とアゾフ海に面する主要な商業港が封鎖され、コンテナ船社はウクライナ発着貨物の引き受けを停止したほか、黒海ではトルコ船社や日本の大船主の一つである日鮮海運グループが保有するばら積み船が船尾部分に砲撃を受け損傷しました。

さらには欧米諸国がロシアに経済制裁を決定したことで、中国系やロシア系を除くコンテナ船社は、ロシア向け貨物輸送を一斉に停止しました。アジア発欧州向け航路におけるロシア向けのシェアは4%程度、ウクライナ向けのシェアは1.5%程度です。両者を合わせると月間荷量で8万TEU程度の減少になります。決して大きなシェアとは言えないものの、ロシア・ウクライナ関連貨物がなくなったことで欧州航路の需給は軟化しました。ロシア方面への積み替え港であるロッテルダムやアントワープでも取扱量が減少しました。船舶ではありませんが、シベリア鉄道経由のコンテナ輸送が停止[18]したため、中国から欧州へ向かう鉄道輸送貨物も減少し、カスピ海方面からロシアを回避するルートへの変更が行われています。

またウクライナ情勢による世界的なエネルギー価格の高騰に伴いバンカー燃料価格も高騰を続けており、輸送コストの高止まりにつながっています。

もう一つのリスクと考えられていたのは、ドライバーの供給です。コンテナ貨物を運ぶドライバーにはウクライナ人も多いためです。ただ、ロシアによるウクライナ侵攻もドライバー不足の要因の一つとなったものの、コンテナ輸送が減少している状況であるため、大きな問題とはみなされていません。ちなみに両国は船員輩出国でもあり、日本船主協会に加盟する会社が配乗するロシア人船員は約300人、ウクライナ人船員は約150人に上ります。

## 米中貿易摩擦、関税、国際関係とコンテナ輸送

コンテナ輸送が国際貿易に派生して起こる性質を持つことから、**輸送動向は貿易に関する各国の政策にも影響を受けます**[19]。

## 米中貿易摩擦とコンテナ輸送

まずは近年の米中貿易摩擦を例にとってコンテナ輸送への影響について考えてみます。

米国と中国の間の貿易摩擦は、中国がWTOに加盟した直後の2000年代前半時点で問題視されていました。しかし、この問題があらためてクローズアップされるようになったのは2016年、米国大統領選挙の期間中でした。ドナルド・トランプ前大統領が中国との貿易不均衡を問題として取り上げはじめてから、注目度が高まったのです。2018年7月以降、【表4-3】にある通り相互に追加関税をかけ始めるようになりました。

米国による追加関税措置をみると、第一弾から第四弾へ進むにつれて、対象品目に消費財が含まれる割合が増えていました。一方で、中国による追加関税では、2018年7月と8月の関税措置は自動車や農産物、食品などの消費財が中心となっていたものの、9月の対抗措置では中間財や資本財の割合が増えています。ただし、中国政府は中間投入コスト上昇による自国企業への悪影響を懸念して、一部中間投入財については関税率を大きく上げない措置を取っていました。

当時、米国側は2019年のクリスマス商戦に影響を与えないよう配慮していたものとみられます。追加関税措置の応酬は、2019年1月15日に米中当局者の間で、第1段階

| | 発動時期 | 米国 | | 中国 | |
|---|---|---|---|---|---|
| | | 措置の概要 | 主な対象品目 | 措置の概要 | 主な対象品目 |
| 第1弾 | 2018年7月6日 | 中国からの輸入品818品目340億ドル相当に25%の追加関税を賦課 | 乗用車、磁気ディスクドライブなどのストレージ、液体ポンプ部品、プリンター用部品など | 米国からの輸入品545品目340億ドル相当に25%の追加関税を賦課 | 大豆、乗用車、実綿および繰綿など |
| 第2弾 | 8月23日 | 279品目160億ドル相当に25%の追加関税を賦課 | プラスチックや半導体、鉄道車両・部品、トラクターなど | 333品目160億ドル相当に25%の追加関税を賦課 | 古紙、銅のくず、アルミニウムのくず、ランプホルダー、プラグおよびソケット、乗用車など |
| 第3弾 | 9月24日 | 5,745品目2,000億ドル相当に10%の追加関税を賦課。2019年5月10日に25%に引き上げ | 家具、食料品、飲料品、自動車部品、繊維、ゴム類、木材、紙類など | 5,207品目600億ドル相当に最大10%の追加関税を賦課。2019年6月1日に最大25%に引き上げ | 液化天然ガス、機械類、光学式機器、化学木材パルプ、医療用機器など |
| 第4弾 | 2019年9月1日 | 3,798品目3,000億ドル相当に15%の追加関税を賦課。リスト4A(3,243品目)は9月1日に発動。リスト4B(555品目)は12月15日に発動予定 | リスト4Aはスマートウォッチ、薄型テレビ、セーター類など<br>リスト4Bは携帯電話、ノートパソコン、ビデオゲーム用機器など | 5,078品目750億ドル相当に最大10%の追加関税を賦課。リスト1(1,717品目)は9月1日に発動、リスト2(3,361品目)は12月15日に発動予定 | リスト1は冷凍水産品、大豆、原油など<br>リスト2はトウモロコシ、乗用車、バイク、ウイスキーなど |

表4-3：米国の対中制裁関税と中国の報復関税
出典：https://www.erina.or.jp/wp-content/uploads/2020/01/se15120_tssc.pdf

の経済貿易協定の合意文書への署名がなされて一段落しました。署名から30日後の2月14日に発効しています。

米中貿易摩擦の影響は、アジアと米国を中心とした荷動きにおいては、アジア輸出国側の構成の変化として表れました。中国積みの荷動きが減ったのに対し、東南アジア・南アジア積みが増加したのです。アジア全体でみれば、米国側の需要が衰えたわけではなかったということです。ただ一方で、短期的には中国積みの減少を受けて、荷動き全体としては減少もみられています。北米航路のコンテナ貨物輸送量を見ると、アジアから米国へ向かう北米往航は2019年に前年比1・3％減の1765万TEUでした。2000年以降で北米航路の輸送量が前年比で減少したのはサブプライムローン問題とリーマン・ショック以降の経済危機の問題を抱えた2008年と2009年、そして米中貿易摩擦を背景にした2019年だけです。これは、前年比9・6％の減少となった中国積みが大きな原因となっています。ベトナム積みは前年比で34・5％、インド積みは11・0％の増加でしたが、これでもカバーできなかったために全体として減少になったわけです。

2020年以降、中国積みのコンテナ貨物はコロナ禍の下で急増したものの、今後も米中貿易摩擦の火種がくすぶっている状況が、輸出国構成の変更を促すはずです。もともと中国は沿海部を中心とした人件費の上昇を受け、内陸部に産業を移行して「世界の生産拠点」としての地位を保持する思惑がありました。ところが衣料品や家具、ゴム製品などの軽工業品の工場は国外の東南アジア・南アジアの各国へと移転を続けています。見方を変えれば、米中貿易摩擦もこの産業移転を促進していると考えることができます。

## 国際関係とコンテナ輸送

二国間関係の悪化がコンテナ輸送の動向に影響を与えた事例としては、2010年代後半以降の中国とオーストラリアの関係悪化の例を挙げることができます。

オーストラリアでは2017年頃から中国による対内投資や内政干渉による経済安全保障・政治上の懸念が高まっていました。2020年には新型コロナウイルスの発生源についてオーストラリアが中国に対して調査を求め、これに反発した中国が豪州品への貿易制裁を課したことなどがあって、豪中関係は決定的に悪化しています[20]。2020年5月に中国はオーストラリアの主要な食肉処理4社からの牛肉輸入を停止しました。

中国では焼き肉用として需要が高まっている牛のバラ肉[21]は、オーストラリアから調達されるものが中心でした。しかしながら、同国との関係が悪化して牛肉輸入が止まったため、米国産牛肉の需要が拡大。この結果、米国から中国に向けた牛肉輸送が急増したのです。

## 関税率の低下とコンテナ輸送

関税率の低下がコンテナ輸送を増やした例もあるので紹介しましょう。それは、2011年の韓国における豚肉輸入です。

韓国では2010年1月に豚の口蹄疫《こうていえき》が発生し、同年6月にいったん終息したものの、11月に再発が確認されました。もともと豚肉の関税率は22・5%でしたが、これを受けて、豚肉価格の上昇に対応する目的で2011年1月に6万トン分の関税無税での輸入枠を設定しました（同年6月には輸入枠が13万トンまで拡大）。

その結果、2011年になって輸入豚肉の多くを米国からの冷凍豚肉が占めることとなり、米国からのコンテナ荷動き量が急増しました。温度管理のできるリーファーコンテナを使用して運ばれたのです。統計によると、同年上半期における米国から韓国に向けた「肉およびその調整品」の荷動き量は2・3万TEUと、前年同期比78・6%増加し、韓国が米国から輸入するコンテナ貨物輸送量を3・0%上昇させました。これは輸送量の増加の4割程度を説明する規模です。

より詳細に豚肉の輸入動向を確認するため、米国の貿易統計を見てみると、米国から韓国に向けて輸出された冷凍豚肉（HSコード020329）のコンテナ荷動き量は、

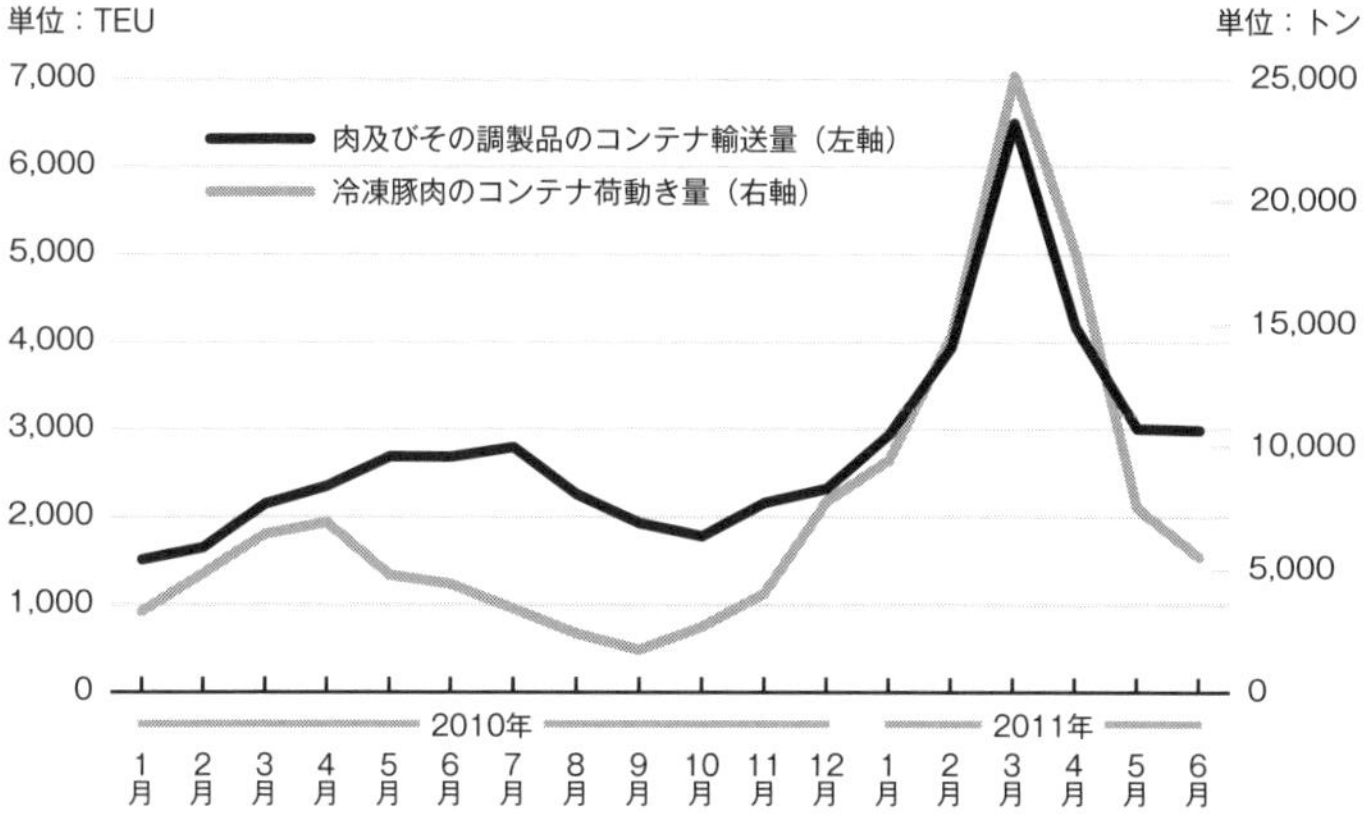


図4-11：米国から韓国に輸出された「肉及びその調整品」のコンテナ荷動き量（左軸）と冷凍豚肉のコンテナ荷動き量（右軸）の推移
（2010年1月〜2011年6月、単位：左軸1億ドル、右軸TEU）
データ出所：PIERS、Zepol“TradeView”

２０１０年上半期時点で７・３万トンと前年同期比１５９・９％増でした。また、【図４-11】で動向を見ても、先述したコンテナ輸送の統計の動向とかなり似ており、冷凍豚肉を中心とする豚肉の輸入がコンテナ荷動き量を大きく増やしたことがわかります。

## 「環境規制」と「廃棄物のコンテナ輸送」[22]

廃棄物やスクラップの国際取引は１９９０年代以降急速に増え、ほとんどが発展途上国へ輸出されてきました。輸出側から見れば環境規制が緩い国に廃棄物を輸出することで廃棄物処理に関する厳しい規制を回避できます。輸入側から見れば、廃棄物は一次資源より相対的に安価であり、資源や技術力が限られるなか入手しやすい利点があります。

中国が廃棄物を大量に輸入してきた背景として、中国国内の廃棄物回収システムが整備されていないために再生用の廃プラスチックや古紙の調達を輸入に頼らざるを得ない状況がありました。これらを背景に、**中国は世界最大の固形廃棄物輸入国としてもプレゼンスを強めてきた**のです。

しかしながら、輸入廃棄物の中には汚染物質や有害物質、危険物質などが混入していることがあり、環境汚染問題を引き起こすケースもありました。そのため、中国政府は環境汚染対策に注力するとともに、国内で発生した廃棄物のリサイクルを促進すべく対策を講じています。近年行われている廃棄物輸入規制はその一環です。

リサイクル品の中で古紙や廃プラスチックは、一つにまとめたり袋詰めにしたりするなどパッケージングが行いやすく、コンテナでの輸送が多く行われています。たとえば2017年においては米国から輸出される古紙（HSコード4707）は重量ベースで93・8%、日本から輸出されるものは99・9%がコンテナ輸送されていました。廃プラスチック（HSコード3915）も米国から輸出されるものの96・0%が、日本から輸出されるものも99・9%がコンテナで運ばれていました。

インバランスを解消するための貨物に占める古紙、廃プラスチックのシェアも大きいものでした。2017年の米国から中国へ輸出されるコンテナ貨物のうち、重量ベースで34・3%、TEUベースでも20%弱を古紙が占めています。廃プラスチックは重量ベースでは1・8%となっています。日本から中国へ輸出されるコンテナ貨物の中でも古紙は重量ベースで32・3%、廃プラスチックは12・4%を占めています。また、2016年にEU28か国からの海上輸送で輸出された貨物のうち、重量ベースで古紙が17・9%、廃プラスチックは3・4%を占めていました。2018年では、世界のプラスチック廃棄物と古紙の輸入量の約40%は中国向けでした。

【表4-4】の表xと表yは中国の古紙および廃プラスチックの輸入量の推移を輸出元別に示しています。古紙に関して2017年では1170万トン近くが北米航路経由、約500万トンが欧州航路経由、約250万トンが日中航路からの輸入であったことがわかります。廃プラスチックに関しても2017年で約57万トンが北米航路経由、約60万トンが欧州航路経由、約80万トンが日中航路からの輸入でした。

しかし、中国の経済発展と環境意識の高まりを受けて廃棄物貿易の風向きは変わっています。中国政府は2013年に「緑籬行動（Operation Green Fence／グリーンフェンス）」、2017年に「国門利剣（National Sword／ナショナル・ソード）」を開始して固形廃棄物の輸入制限を強化しているのです。

2013年の「グリーンフェンス」政策では、税関による輸入廃棄物の全面検査を行うことで取締り強化をはじめました。

さらに、2017年2月にはグリーンフェンスの後継となる「ナショナル・ソード」政策が始まり、環境や健康に悪影響を及ぼす可能性のある固体廃棄物（廃プラスチック、古紙、鉄スクラップ）などに関して、輸入時の廃棄物混入を厳格に取り締まるようになりました。この方針に沿って、中国はWTO（世界貿易機関）に対して同年内に廃プラスチックや古紙などの輸入停止を通告しています。さらに同月、中国国務院は「海外ごみの輸入禁止と固形廃棄物輸入管理制度改革の実施計画」を発表し、環境への悪影響が大きい資源ごみの輸入を2017年末から禁止することを伝えました。また、国内の資源ごみで代替可能な固形廃棄物の輸入を2019年末までに段階的に縮小しています。

**世界最大の輸入国による規制は、廃棄物の国際取引やグローバル物流に大きな影響を与えました。**2017年のナショナル・ソード政策により、中国の廃プラスチックの輸入量は92％、古紙の輸入量は56％減少しました。規制以降、主に東アジア・太平洋地域

表4-4x：輸出元別中国の古紙（HS：4707）の輸入量の推移2012〜2017年、単位：トン）

| | 2012 | 2013 | 2014 | 2015 | 2016 | 2017 |
|---|---|---|---|---|---|---|
| 米国 | 13,015,982 | 13,036,847 | 12,650,180 | 13,018,250 | 12,790,185 | 11,692,104 |
| 英国 | 3,230,732 | 3,169,847 | 3,373,552 | 3,723,568 | 3,884,114 | 3,024,951 |
| 日本 | 3,876,553 | 3,625,969 | 3,068,031 | 3,003,947 | 2,843,228 | 2,508,302 |
| カナダ | 1,227,888 | 1,458,959 | 1,425,366 | 1,680,204 | 1,462,511 | 1,447,889 |
| オランダ | 1,874,758 | 1,429,310 | 1,185,086 | 1,305,871 | 1,413,314 | 1,271,094 |
| イタリア | 998,865 | 938,271 | 874,258 | 1,034,051 | 1,026,955 | 898,957 |
| 香港 | 1,107,252 | 962,651 | 915,238 | 842,878 | 782,592 | 769,325 |
| オーストラリア | 1,039,205 | 1,086,866 | 935,383 | 1,008,613 | 861,130 | 758,399 |
| スペイン | 506,338 | 421,681 | 529,694 | 688,856 | 767,684 | 720,471 |
| フランス | 570,485 | 498,222 | 461,902 | 523,346 | 404,122 | 432,358 |
| その他 | 2,621,119 | 2,608,667 | 2,101,467 | 2,454,783 | 2,263,470 | 2,195,595 |
| 世界合計 | 30,069,177 | 29,237,290 | 27,520,157 | 29,284,367 | 28,499,305 | 25,719,445 |

出典：中国海関統計

表4-4y：輸出元別中国の廃プラスチック（HS：3915）の輸入量の推移2012〜2017年、単位：トン）

| | 2012 | 2013 | 2014 | 2015 | 2016 | 2017 |
|---|---|---|---|---|---|---|
| 香港 | 1,042,439 | 755,231 | 1,163,131 | 1,514,558 | 1,778,893 | 914,503 |
| 日本 | 1,031,509 | 1,074,261 | 950,337 | 856,821 | 842,102 | 817,652 |
| 米国 | 1,096,629 | 862,902 | 877,969 | 721,215 | 691,649 | 575,089 |
| タイ | 220,009 | 461,261 | 464,359 | 446,467 | 431,779 | 333,601 |
| ベルギー | 278,925 | 311,125 | 418,569 | 358,155 | 323,302 | 317,327 |
| フィリピン | 178,912 | 359,784 | 335,995 | 169,990 | 320,105 | 306,471 |
| ドイツ | 1,066,038 | 654,467 | 592,353 | 532,734 | 390,110 | 301,093 |
| オーストラリア | 231,625 | 100,742 | 196,071 | 165,755 | 293,123 | 263,540 |
| インドネシア | 188,357 | 224,002 | 177,185 | 121,081 | 189,271 | 203,475 |
| マレーシア | 540,002 | 495,458 | 422,241 | 225,810 | 171,069 | 148,312 |
| その他 | 3,003,160 | 2,582,887 | 2,656,221 | 2,241,958 | 1,915,842 | 1,648,263 |
| 世界合計 | 8,877,605 | 7,882,120 | 8,254,431 | 7,354,544 | 7,347,245 | 5,829,326 |

出典：中国海関統計

と、ヨーロッパ・中央アジアの低・中所得国で輸入量が増えて廃棄物の貿易動向を変化させることになったのです。これらの国々では、廃プラスチックはそれぞれ161％と266％、古紙で101％と77％、輸入量が増加しました。

しかし、もともと中国国内でリサイクルされていたものをそれ以外の国でのリサイクルに振り替えようとしても、中国に輸出される廃棄物のボリュームは大きく、それを輸入するだけの体制を備えた国もなかったため、周辺諸国でも急遽輸入規制を強化する事態が発生しました。

こうした動きを受けて、廃棄物の単価はそれぞれ27％、13％上昇し、中国に輸入される廃棄物の品質を高めました。すなわち分別や前処理が進んだ品物が輸入されるようになったのです。

中国政府は2020年に固形廃棄物の輸入規制をさらに強化しています。今後も多くの製品が禁止リストに追加され、国際的な廃棄物取引と海運業界により大きな影響を与えることが予想されています。

# 各国の「財政政策」「金融政策」がなぜコンテナ輸送に影響する？

コンテナ輸送は消費や生産と関係することが多いため、マクロ経済政策では財政政策との関係が注目されがちです。たとえばコロナ禍のもとで、米国では3回（2020年4月、2020年12月、2021年3月）に分けて景気刺激策として給付金が支給されました。この給付金は財政資金を投入して景気を活性化することを目指す財政政策であり、消費の増加を通じてコンテナ輸送量を増やしたと考えられています。また、雇用を安定化させる政策も消費の増加を通じてコンテナ輸送の動向に影響を与えるため、各国の雇用動向や関連した政策の影響も無視できません。

一方で、コンテナ輸送量は金融政策とも関わりを持っています。GDPの増大を通じた経済規模の拡大の影響はもちろんながら、金融政策がより直接的に関係するケースが存在します。住宅市場を通じた効果です。

マクロ経済学の復習のような話になりますが、まず金融政策について簡単に言及しておきます。金融政策とは「中央銀行の政策立案者による貨幣供給の調節」を意味しています。つまり、日本で言えば日本銀行が、米国で言えばFED（連邦準備制度）の最高機関であるFRB（連邦準備制度理事会）が、政策金利目標の設定や民間との債券の取引（公開市場操作）などを通じて行う、貨幣供給量の調節を指しています。預金準備率操作や公定歩合操作など、ほかにも政策手段はある[23]ものの、公開市場操作が金融政策の中心です。

公開市場操作を行う際には、目標となる貨幣供給量を設定するのではなく、政策金利と呼ばれる利子率について目標となる水準（誘導目標）を設定します。その上で設定した利子率の水準が実現するように政策が実行されます。米国ではFF（フェデラル・ファンド）レートという、銀行間で行う短期間の資金のやり取りを行う市場（FF市場、日本ではコール市場という）に適用される利子率が政策目標を設定する対象となっています。

金融政策の効果を確認するため、公開市場操作を通じて緩和型の金融政策をFEDが行う場合を考えてみましょう。緩和型の金融政策とは貨幣供給量を増やす政策を指しており、貨幣供給量を減らす政策は引き締め型の金融政策と呼びます。

公開市場操作が行われると、民間銀行から見た場合、準備預金は増加します。これはFEDに預けなければならない最低限度額である法定準備金を維持するために必要な資金額が小さくなることを意味しています。すなわち、FF市場を通じて他の銀行から資金を借りてくる必要性が小さくなるわけです。

借り手側である企業や家計から見た場合、貸出利率の低下は、運転資金や消費などに対する融資に加えて、建造物の導入や設備や住宅の購入などの投資にかかる資金調達の費用が下がることを意味します。貸出利率の低下を通じて消費や投資が促されるわけです。

なかでも住宅市場への影響は大きなものになります。住宅の購入は金額の高い出費であり、ローン金利が少し変動するだけでも家計への影響が大きいため、住宅市場は金利動向に対して敏感に反応します。北米航路の貨物輸送動向が住宅市場の動向に大きく影響を受けることは前述しましたが、金融政策の動向は住宅ローン金利の変化を通じてコンテナ輸送の動向にも影響を与えるわけです。具体的には次の2点から影響します。

一つは板や木材など建築資材の需要を変化させることを通じてコンテナ貨物の量を左右します。米国や欧州では新築住宅よりも中古住宅のほうがさかんに取引されている地域も多くあります。とくに米国では、２０２１年では新築住宅の販売戸数が77万戸であったのに対して中古住宅が６１２万戸、22年ではそれぞれ64万戸と５０３万戸であり、市場規模は10倍近く差があります。これらの国や地域では住宅の売買に際して修繕やリフォームに用いる建材の需要が多くなります。

もう一つは、金利動向が住宅市場を変化させた結果、住宅購入に合わせた家具・家電製品など耐久消費財の購入を変化させる間接的な効果です。住宅市場が活発化すると、引っ越しに合わせて新しい家具や家電、ガーデニング製品などの需要が増加します。これらの製品はコンテナ輸送を通じて欧米諸国に輸入されており、第2章でも示したようにコンテナ貨物の中でも大きなシェアを占めています。金融政策の変化は、住宅市場を通じて北米航路や欧州航路のコンテナ輸送量に影響を与えているのです。

## コラム16 コンテナと密輸・難民輸送

第3章でも取り上げたように、コンテナ輸送は「一度扉を閉じると輸入先に届くまで開けられることがない」特徴をもっています。しかし、この特徴を悪用して、密輸や難民輸送に用いられることがあります。横浜市にある横浜税関資料展示室では、コンテナの壁に隠して覚醒剤を輸入するさまや、石材やスクラップに覚醒剤を隠した様子など、密輸の手口を展示で再現しています【写真4-2】。

また、コンテナの中に隠れての密航は、不法入国に最もよく使われる手段の一つとされています。英国やドイツ、イタリアなどでは中東やアジア、アフリカからの移民がトラックのコンテナから見つかることがあるとのことです[24]。コンテナの中で死亡する事件も起こっています。2019年10月には英国エセックス州でコンテナの中から15歳から44歳のベトナム人の男女39人の遺体が見つかる事件がありました。この

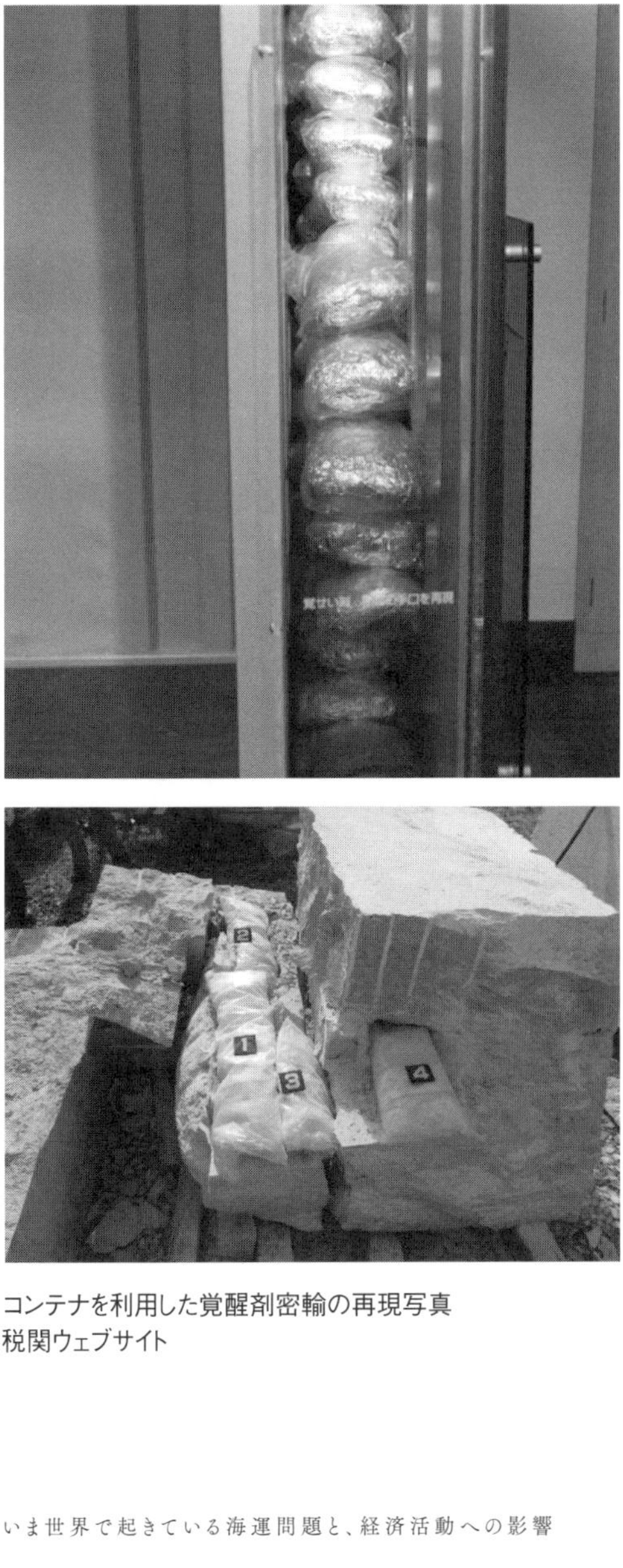


写真 4-2　コンテナを利用した覚醒剤密輸の再現写真
出典：横浜税関ウェブサイト

事件では、コンテナが密閉されたままベルギーのゼーブルージュ港から船に積まれ、英テムズ川沿いのパーフリート港に向かう途中、酸欠と熱中症で死亡しました。ほかにも、2020年3月にモザンビークで密封された輸送コンテナの中でエチオピアから南アフリカに向かおうとした男性のうち64人が死亡した事件も報じられています。

# 第5章

# 「海運の動向」から読み解く これからのビジネス・経営

## コロナ禍とサプライチェーンの変化――複線化、冗長化、短縮化

新型コロナ感染拡大を受けて発生したコンテナ輸送およびサプライチェーンの混乱は、荷主企業に対して**これまでのサプライチェーンの在り方を再考する機会になった**のではないでしょうか。

日本では、1990年代以降に不況が続いたことを受けて、荷主企業は物流コストの削減を強く求めるようになり、一般企業の物流活動への取り組みが大きく変化しました。彼らが、不況で売り上げの低迷する中、利益を確保するためにコスト削減の余地が残されている物流部門に注目したことが背景にありました。しかしながら、日本物流学会の会長でもある、神奈川大学の齊藤実教授は「ただし、わが国の企業が取り組んでいるSCMは、必ずしも本来の意味での取引企業間にまたがる取り組みではなく、一企業内にとどまっている。一企業内の調達から製造、販売の全体的なプロセスを統合して、無駄な在庫を極力排除し、効率化を実現しようとするものがほとんどであ」ったと指摘しています[1]。す

なわち、企業単位で徹底的にムダを排除するリーン型の物流を追求する動きであったということです。右記の指摘は2004年のものではありますが、現在でも工場近辺でトラックが待機する問題[2]などが継続していることを踏まえると、今でも大きくは変わっていないと思われます。

しかしながら、企業単位でひたすら効率を追求するだけのサプライチェーンマネジメントが維持可能なのでしょうか。これまでも多くの荷主がサプライチェーンを効率化すべく努力を重ねてきたものと推察します。その一方で、従来の方法で有利だった手法がコロナ禍以降に通用しにくくなっていないかを考える必要があります。コロナ禍のもとでは、同じ輸出国であっても、中間財をより多くの国から輸入してサプライチェーンの「複線化」を実現している国ほど、輸出への影響が小さいことが指摘されています。ほかにも、在庫や輸送ルートに余裕を持たせる「冗長化」、より近くの地域での調達、もしくは国内調達に切り替える「短縮化」などの手法も、今後は選択肢に入ってくるものと思われます。

サプライチェーンの複線化についてはすでに行っているところも多く、コンテナ輸送を含む貨物輸送においては、異なるルートを確保する動きは以前から多く見られています[3]。たとえば、第4章で挙げた北米西岸港湾における労使協定に際して、今でも東岸の利用を中心に代替ルートへの切り替えが行われています。直近の報道[4]では大手企業や業界団体の物流管理者の3分の1近くが、労使協定の更新後も西海岸にどれだけの貿易を戻すかわからないと回答したとの話も出ています。

大手企業は同じ輸送経路であっても、複数の海運会社と契約しておくなどの対応をとっています[5]。また、非常時に備えて、同じ輸送経路でコンテナ輸送と航空輸送の切り替えに備えておくことも[6]行われています。新型コロナウイルスの感染拡大に際して、コンテナ輸送の混雑が問題になった際には、アジアから欧州へ貨物を運ぶのに航空貨物輸送が拡大しました[7]。ほかにも中国からの中欧班列と呼ばれる国際貨物列車やシベリア鉄道の利用が増加しましたし、シベリア鉄道でバルト海沿岸まで向かってから貨物を船に積み替えて北欧州に海路で向かうルートが利用されることもありました[8]。

次に、在庫にバッファを持つ冗長化は、リーン物流の価値観からすればコストを抱えることになり、望ましいものではありません。しかし、需要の急増や供給の変動などの不安定性があるなかで、コスト効率よく顧客に対する納期を守ることができるようになるのであれば、「安定した物流」という付加価値につなげることができます。

国内のある地方に関して実務者の方から、荷主が2020年3月以降、新型コロナウイルスの影響が出た場合を踏まえ国内の部品在庫を過去最大レベルに積み上げた例を伺ったことがあります。納入先の増減産や海外工場での感染リスクに対応するためだとのことです。この会社では物流データの精度を上げ、加えて、物流管理の組織も変えるなどして体制を整えたそうです。その後、在庫は減らしつつあるとのことで、サプライチェーンの冗長化への動きが新たな標準として定着するかはまだわからないものの、物流の安定性をどう確保しつづけるかは今後の大きな課題として対応が進められていくことになるでしょう。

もちろん、リーン物流において危惧されているように、在庫を厚くすることは、過剰在庫の問題と背中合わせでもあります。気を付けなければならないことは、サプライチェーンの各段階で在庫切れのリスクに余裕をもって対応しようとした結果、過剰在庫が膨れ上がってしまう可能性があることです。

これはブルウィップ効果（Bullwhip Effect）と呼ばれる現象です。牛飼いが手首を少し動かすだけで、牛を追うウィップ（鞭）の先は大きく波打ちます。サプライチェーンにおいて、川下である需要側のちょっとした変動に備えるため、上流の輸入国側の港近くで少し多めに在庫を増やしておく、その在庫に合わせてさらに上流の輸出国から運ぶ貨物量をある程度多くしておく、輸送量の変化に対応して最上流の輸出国側の工場で生産量をちょっと増やす[9]……と、それぞれのポイントで販売機会を逃さないために在庫を増やすことで、各段階での発注数量が実際の需要変化とは乖離してしまうのです。

たとえば、50%分の余裕を持たせようと考えた場合、川下で10増えた需要に対応するために、輸入国側の港で15の在庫を確保し、輸出国側の港で22・5の在庫をもち、工場では33・8の生産をすることになってしまいます。本来の需要変化と比べ、2倍以上の過剰在庫を抱えることになってしまいます。ブルウィップ効果は、需要の増幅が過剰在庫を生み、それが倉庫のスペースを占領し、大きなコスト負担につながるため、回避しなければならない深刻な問題になります。

私は、ブルウィップ効果のような注意点はあるものの、厳密なリーン物流から一定の強靭性や冗長性を持ったサプライチェーンへの変化はあってしかるべきであると考えています。もちろん、そうしたサプライチェーンを維持するためには、これまで以上に費用は掛かります。しかし考えなければならないのは、国境を越えるサプライチェーンが一般化した現在、リスクはいたるところに存在するということです。コロナ禍のようなものだけではなく、戦争、経済摩擦、自然災害もそうですし、生産国で働く人々や輸送に携わる人々の人権問題[10]なども企業にとっては「リスク」になり得ます。環境問題への対応も考慮しなければならない要素となるでしょう。これまでとは前提条件が大きく変わったのです。コロナ禍に伴う混乱は、サプライチェーンのあるべき姿がすでに変わってしまったことを、衆目にさらすことになりました。**サプライチェーンについてのゲームのルールが変わったと考えていいかもしれません**。

ゲームのルールが変化すれば、それまでの最適解が通用しなくなることはよくある話です。これはもともと筋肉質であった多くの荷主企業の物流体制において、ルールの変化に応じて使う筋肉を変える「新たな筋肉質化」という言い方をするのが良いでしょうか。ゲームのルールの変化に応じて、適切なサプライチェーンの在り方を再考し、最終的には、様々なリスクにも対応でき、人権や環境に配慮の行き届いたサプライチェーンが必要なのだと考えます。もちろんこれらの対策には投資も必要であり、間違いなくコストがかかります。そのぶんのコストは一定程度、荷主、ひいては消費者も負担すべきであると考えます[11]。

売上高に対する物流コストの割合は決して大きくありません。日本ロジスティックスシステム協会（JILS）の調べによると、**日本において売上高に対する物流コストの比率は1990年代から下落傾向が続き、2010年代後半は5%弱で推移**してきました。また、米国でも海上コンテナによる輸入品の、販売価格に対する運賃の比率は1・5～3%

ほどであり、国連貿易開発会議（UNCTAD）の推計によると2021年にコンテナ運賃が3倍強になったことによる米国のインフレ率への影響は1％程度であるとのことです[12]。とくに製品段階での物流コストの割合は高くなく、たとえば、某メーカーがアジアから輸入したスポーツシューズでは、販売価格100ドルに対して、小売店舗や国内輸送などにかかるコストが約50ドル、メーカーの取り分が約22ドル、アジアの工場への支払いが約25ドルであるのに対し、海上運賃は約3～4ドルにとどまります。つまり、消費者にとってあまり大きくない値上げでも物流コストの上昇分をかなりカバーできることは敢《あ》えて注記しておきたいと思います。

## 地政学的な変化と「チャイナプラスワン」の本格化

地政学的な状況の変化も国際物流の動向に影響を与えるため、供給網を安定化させる視点から着目しておかなければなりません。

典型的な例は2022年2月に始まったロシアによるウクライナ侵攻でしょう。侵攻を受けて、ロシアに対しては日本を含む各国から経済制裁が科されています。経済制裁に基づき、ＥＵ各国の税関はロシア向け貨物の積み替えを拒否しており、ロシアからの貨物発着は難しい状況にあります。海運会社のほうもロシア発着の貨物予約や寄港を削減しています[13]。

また、海運会社が加入する船舶保険などの都合によって輸送ができなくなる可能性もあります。２０２２年末、ウクライナ情勢の長期化を受けて、保険会社の保険金支払いの一部を肩代わりする欧州の再保険会社が、２０２３年からロシアやウクライナの全海域で、戦争などによる船舶の被害を補償する船舶戦争保険の引き受けを停止する方針を示しました。再保険会社による保険引き受け停止が実施されることで、保険会社も船舶戦争保険の提供をできなくなります。最終的には日本政府も仲介して保険会社と再保険会社との間で交渉が行われ、3月までは再保険引き受けの見通しが立ったものの、4月以降については、船舶保険の更改交渉の中で、その取り扱いについて再度話し合うことになっています。今現在で影響を大きく受けているのはサハリンからのＬＮＧ輸送であるものの、同様の問題は紛争地域に関連するコンテナ輸送でも起こる可能性があるのです。

ほかにもロシアによるウクライナ侵攻の国際物流への影響がありました。燃料価格の問題です。侵攻は世界的なエネルギー価格高騰をもたらし、船の燃料価格も高騰を続けているのです。燃料は運航費[14]の10〜20％を占める大きなコスト要因であり、海運会社にとってはコスト高騰の要因になっています。地政学上の変化が様々な形でサプライチェーンの状況に影響することは考慮に入れておく必要があるでしょう。

## 生産拠点の移動による日本への影響は？

地政学上の変化によるサプライチェーンの問題としては、第4章で挙げた米中貿易摩擦も典型例です。

米中間の緊張の高まりを受けて、荷主からはチャイナプラスワン（中国以外の生産拠点）を模索しているとの声がさらに強まりました。中国は30年近く経済成長を続けてきたため、沿岸部を中心に電力や水道、輸送網など製造業を営むためのインフラが整っていることもあり、大規模な生産に関して優位な点は残っています。しかしながら、非常事態に備えて、生産拠点を複数確保することでサプライチェーンを複線化して避難経路、安全策をとっておきたい目論見が荷主にはあります。チャイナプラスワンはコスト面だけではなく、サプライチェーンの安定性の面からもニーズがあるということです。

現在米国向けの多くの品目が西岸のロサンゼルス港やロングビーチ港で荷下ろしされています。人口の多い米国東岸向けの貨物も鉄道に積み替えて内陸輸送することが多くみられています。しかし、東南アジアや南アジアからの場合、西岸港を経由するのではなく、インド洋を渡り、紅海からスエズ運河を経由して地中海、大西洋を回って東岸の港へと輸送したほうが望ましいケースが出てきます。船だけで米国東岸へ向かう場合、太平洋を渡りパナマ運河を経由して大西洋を北上するルートがあるものの、スエズ運河経由のほうが距離は短くなるのです[15]。

そのため、アジアにおける生産拠点の移動は、国際的な輸送動向の変化を通じて日本にも影響を与える可能性があります。

前述のように、米国東岸へは、東南アジアから西ではスエズ運河経由が有利です（そのため、シンガポールから米国東岸に向かうコンテナ定期航路は、通常スエズ運河経由です）。そして、生産拠点が移行するにしたがって輸送される荷物の多い地域が西に移動すると、荷物の多い地域を行き来する定期便が増加します。これが何を意味するかというと、北米東岸や欧州に直接向かう船（基幹航路の母船）が日本を経由しなくなる要因となるのです。そうなると、日本からの輸出や日本への輸入ルートも、釜山やシンガポールなどの港での積み替えが必要になるなどの変更が発生しますし、直接寄港するケースと積み替えを行うケースでは輸送にかかる時間も異なってきます。

チャイナプラスワンの進行は、日本企業による海外拠点変更やサプライチェーン組み換えといった主体的なかかわりはもちろん、間接的な形で国際物流や貿易に影響を与える可能性もあります。

二国間関係の変化は、調達元の組み換えなどを通じてコンテナ輸送の動向に影響を与えます。米中貿易摩擦の激化を受けて、中国は米国から輸入していた農林水産品を、欧州からの輸入に変更しました。その結果、2019年の野菜類の海上輸送での輸入は前年の2・5倍に増加しましたし、肉類・魚介類の輸入も1・5倍に拡大しました[16][17]。中国が木材輸入の多くを欧州からの輸入に切り替えるなどの要因があって、重量満船の問題が起こりやすくなったことは第4章で指摘した通りです。そして重量満船の問題が起こると、コンテナスペースの確保が難しくなるため、サプライチェーンを安定させることが困難になるのです。

## 環境対応とサプライチェーン

コンテナ輸送を含む海運業は、船によって大量輸送を行うため、トラックや飛行機などと比べて、貨物一つを輸送するのに必要とするエネルギーが少ない利点を持っています[18]。さらに、近年の船舶の大型化やエンジンの燃費効率の向上を通じて、船舶1隻が排出するCO2の量は減少しています。しかしながら、船舶は大量輸送を行うために規模が大きく、輸送する貨物の絶対量が多いため、コンテナ輸送を含む国際海運からのCO2排出量は約7億トン（全世界の約2％）で、ドイツ一国の排出量とほぼ同じ量にのぼります。

海運会社を含む海運業界も21世紀に入ってから環境対応を強化しています。国際海運業界では2018年にIMO[19]で採択された「GHG（温室効果ガス）削減戦略」を目標として掲げています。この戦略では、2030年までに2008年比でCO2を含む温室効果ガス排出効率を40％改善すること、2050年にGHGの総排出量を2008年比で50％削減すること、さらには長期的にはGHGの排出量をゼロにすることを目標としています。また、2023年には既存船舶への短期対策も開始されます。一つが既存船の燃費性能を事前に検査認証したうえで新造船と同じレベルの燃費性能を義務化するEEXI（Energy Efficiency Existing Ship Index）規制です。もう一つは、船舶ごとに1年間の燃費実績を事後的にチェックしてA～Eの5段階で評価するCII（Carbon Intensity Indicator）格付けです[20]。2023年にはGHG削減戦略の改定が予定されており、より野心的な目標を掲げることが合意されています。また、日本の海運業界はIMOに先行して「2050

年GHGネットゼロ」への挑戦を表明しています。

環境意識の高まりは、海運会社を利用する荷主にも対応を求めるようになっています。約10年前に、筆者が日本と米国の大手荷主にヒアリングを行った時点ですでに、サプライチェーンから発生するGHG排出量が輸送方法を選ぶ際の大きな要因であることが指摘されていました。現在では荷主企業による取り組みはさらに進んでいます。

各企業のGHG排出量は、GHGプロトコル・イニシアチブ[21]によって2011年10月に公表され、世界的に推奨されているGHG排出量の算定報告基準「GHGプロトコル」で3つに分類されています。自社が工場の操業などを通じて直接排出するスコープ1排出量、ほかの会社から電機や蒸気を購入したことで間接的に排出するスコープ2排出量、事業活動に関係するあらゆるサプライヤーからのGHG排出量であるスコープ3排出量です。事業活動の上流での原材料調達や製品の輸送・配送に伴う排出、下流における製品使用や廃棄による排出などはスコープ3に含まれています。

日本でも企業に対し、スコープ3を見据えた環境問題への積極的な対応が迫られるようになっていて、2012年3月には環境省が「GHGプロトコル」のスコープ3基準をもとに「サプライチェーンを通じた温室効果ガス排出量算定に関する基本ガイドライン」を公表しています。また2022年11月には金融庁が「企業内容等の開示に関する内閣府令」の改正案を公表し、気候変動情報の開示拡充の一環として有価証券報告書における開示の法定化の方針が示されました[22]。その中では、気候変動対応が重要である場合には有価証券報告書で言及すること、スコープ1と2のGHG排出量については積極的な開示が期待されることが示されています。一方で金融庁の改正案に対して、気候変動に関する国際的NGOであるCDPはスコープ3の排出量についてもいち早く開示を推奨すべきとコメントしています[23]。

スコープ3のGHG排出量を公開している企業の情報を確認すると、スコープ3のうち、「購入した製品・サービス」や「販売した製品の使用」が多いことがわかりますが、上流または下流における輸送・配送も決して少なくない割合を占めていることがあります。たとえば、ライオングループ[24]では、2021年のスコープ1から3まで、すなわち同グループのサプライチェーンGHG排出量は493万トンにのぼります。そのうちスコープ3に含まれる輸送・配送によって生じる排出量のシェアは4%で、スコープ1の1・7%、スコープ2の1・5%の合計を上回っています。サントリーグループ[25]でもすべてのサプライチェーンGHG排出量は775万トンで、スコープ3排出量の輸送・配送による排出量は6・6%を占め、スコープ1の4・5%を上回っていました（スコープ2は

7・7%)。業種による違いはあり、製造業でもスコープ1や2の比率が高い企業はもちろんみられます。しかしそういった企業でも輸送や配送から発生するGHGの量が小さいわけではないため、削減ニーズは大きいと言って差し支えないでしょう。

報道によると、現時点ではスコープ3での排出量を測定している企業は16%にとどまるとのことです[26]。しかし、さらに多くの企業でスコープ3の排出量算出が求められるようになると、取引先となる中小荷主も対応せざるを得ません。今後は、フォワーダーによる見積もりサービスなどを用いて、輸送によって発生するGHGの推計値を知ったうえで輸送手段やルートを選ぶようになっていくものと思われます。

荷主やフォワーダーによって、スコープ3の排出量を測定するシステムを構築する動きも進んでいます。物流可視化ソリューションを提供する米国のproject44社は2022年11月にデンマークのAPモラーホールディングス[27]やCMA-CGMなどから追加資金を調達して、GHG排出量の可視化ソリューションの開発を強化することを発表しています[28]。

海上輸送によるGHGの排出量は企業にとって、スコープ3の範疇に含まれます。国際海上輸送では環境対応が進んでいるとはいえ、海運会社によって対応の状況は異なるため、スコープ3排出量を減らしていくためにも、右記のような方法も活用しつつ海運会社や輸送手段を選んでいくことが重要なポイントになってくるでしょう。

もう一つ荷主が織り込まなければならないことは、コンテナ輸送の所要時間が長くなることとサービスの供給が減ることです。EEXI規制やCII格付け導入への対策として、海運会社が行う有力な手段と考えられるのが、船の速度を落とす「減速運航」であるためです[29]。航行中の船の燃料消費量は、速度の三乗に比例して増加するため、速度の低下による省エネ効果が大きいのです。

コンテナ船は国際貿易に使われる船舶の中では速いほうではあるものの、これまでも環境規制の強化の流れと採算悪化[30]を受けてスピードの低下が進みました。2008年のリーマン・ショック以前のコンテナ輸送では、どれだけ速く運航させて所要輸送日数を短縮できるかを競っており、速度も約25ノット（時速46キロ）が普通でした。しかし、2009年以降、燃料消費量を削減できGHG排出量を抑制できる減速運航が始まったことで2012年ごろには約20ノット（時速37キロ）まで下がっているのです[31]。その後も減速傾向は続いており、イギリスの調査機関クラークソンによるとコンテナ船の平均速度は2022年で約14ノット（時速26キロ）となっています。

これだけ速度が下がると、輸送にかかる時間は確実に長くなります。2008年以前、アジア・欧州間の欧州航路は往復8週間から9週間のペースで運航されていました。現在では11週間から12週間での運航が多くなっており、片道の所要時間は2010年代を経て最大1~2週間増加しています。今後もEEXI規制やCII格付けによって減速航行が進むとの見方は強いです。今後のサプライチェーンの構築に際しては、こうした所要時間の長期化も考慮に入れる必要があるでしょう。

# 第6章

# 今後、「コンテナ船」はどこに向かうのか

## コンテナ海運業界が抱える課題

これまで説明してきたように、コンテナ輸送は輸送効率の向上や輸送ネットワークの拡大に一役買ってきました。しかしながら課題も残されています。

**大きな問題となるのはサービスのコモディティ化**です。コンテナ船はさらなる輸送効率の向上を求めて大型化が進んでいます。このことは、コンテナ輸送の普及を進めた一方でサービスの市場価値を低下させてきました。コンテナ輸送サービスは、輸送方法が標準化されているゆえに他社との差別化が難しい側面があります。そのため、他社との競争に勝ち、顧客を獲得するために運賃を下げる手法が多く用いられてきたからです。

船舶の大型化が進むとその分だけ顧客を獲得しなければならないため、さらに運賃下落を招きます。荷主やフォワーダーによると「こちらから頼んでいないのに運賃を下げてくる海運会社もある」という話を聞いたこともあります[1]。アライアンスが一般化すると、異なる海運会社でも同じ船舶で運ぶため、差別化はさらに難しくなります。

困った問題は、大型化が進んでいることで運賃を下げる余地が増えることです。コンテナ船は小型のものでも1隻10億円単位、大型では100億円近く建造費用が掛かり、これが固定費を押し上げます。しかし船舶の積載量を20％大型化させても、建造費が20％増加するわけではないため、大型化することで1TEUあたりの減価償却費を減らすことができます。また、新しい船舶は古い船舶に比べて燃費が良いため、1TEUあたりの燃料費も下げられますし、大型化したからといって運航する船員数は増加しないため、船員費も下がります。これらが大型化によるスケールメリットの源泉となり、運賃下落への耐性をつけるわけです。

2010年代は船舶の大型化に伴う激しい競争が繰り広げられ、運賃下落と主要コンテナ船社のアライアンス再編やM＆Aの要因となりました。競争激化と運賃下落の問題はコロナ禍以降の運賃上昇局面でいったん保留されたものの、2022年後半からはコロナ禍における上昇局面から大きく転じました。しかも、2020年後半以降に発注された船舶が竣工して輸送に使える船舶は増加傾向にあります。運賃競争が行われやすい素地があることは否定できません。

運賃競争が過度に進んでしまうと、海運会社の採算が悪化して2010年代と同様に企業再編などへつながる可能性があります。世界的海運会社の再編はだいぶ進んでいるため、トップの海運会社の合併が競争当局の認可を得ることはたしかに難しいかもしれません。前述のように、2013年に欧州系船社がアライアンスを組もうとしたところ中国政府に認められず、実現しなかったケースもあります。また、コスコがOOCLを合併した際は、米国側がOOCLの持つコンテナターミナル運営権の売却を求めました。マースクがハンブルク・スードを買収した際にも、南米航路の一部売却が求められています。

しかし、2010年代の再編を経て、世界的なコンテナ海運会社は9社に集約されたものの、トップと下位では船腹規模に3〜4倍の差があります。下位企業を中心とした再編は中期的には話題としてのぼってくるかもしれません。たとえば台湾ではエバーグリーンと陽明海運、さらには北米航路でサービスを提供しているワンハイといった海運会社があり、一つの国に三社は多いのではないかとの議論もあります。

## 船社の合併、再編の動き

中小船社の合併は今後も起こる可能性があります。たとえば、中小の海運会社が多い韓国での再編などが考えられます。韓国では、2016年の韓進海運の倒産をきっかけに韓国船社14社が集まり、政府の肝煎りで韓国海運連合（KSP）が結成されました。2017年には現代商船と長錦商船、興亜海運[2]の3社がアジア域内航路を対象に戦略的提携である「HMM＋K2」コンソーシアムを結成しました。さらに2021年9月にはコンテナ船社5社が加盟する東南アジア航路での韓国型海運同盟「Kアライアンス」が正式に発足しています。この韓国における船社の再編には、韓国政府の関与がみられています。韓国政府は最終的に、世界的な航路網を持つHMMとアジア域内航路を中心とするもう一社に集約したいとの意向を持っているとの話もあります[3]（ただし韓国の中小船社はオーナー船社が多いため、一筋縄ではいかないかもしれません）。

企業再編については、2024年以降にアライアンスをめぐっていくつかの動きがある点を指摘しておきます。

まず、マースクとMSCによる「2M」は2025年に船腹共有協定を解消することが発表されています。また、2024年には欧州委員会による海運会社のコンソーシアムに対する競争法適用除外（この措置はアライアンスを組む際に必要となる）の更新が予定されています。

欧州委員会の措置は基本的には変わらないと思いますし、MSCもマースクも単独での運航を進めると現在のところは伝えています。しかし、他の船社の動向含め2024年までに何が起こるかは注目すべきだと考えています。

先に挙げたスケールメリットの問題があり、アライアンスに入っていたとしても規模の小さい船社は貨物獲得競争で不利になってしまうため、今後何らかの選択を迫られる可能性があるのです。このような船社が生き残りをかけてどのような選択をするかが今後の注目点になってきます。

海運会社は、**運賃が下がっているにもかかわらずコロナ前より運航コストが上がっているという、大きな問題**を抱えています。運航コストの上昇の理由は、原油価格高騰と環境対応投資です。

第5章で挙げた通り、温室効果ガス排出削減への対応を進める必要があります。現在環境対策として移行が進んでいるのはＬＮＧ燃料船ですが、重油で動く船に比べれば少ないものの温室効果ガスの排出はあるため、これはあくまで中継ぎの対応と考えられています。今後の代替燃料としては、水素燃料やアンモニアなどが候補に挙がっていますが、どれが本命かは定まっていません。この状況のなかで、環境対応への出費はしばらく続くものと考えられ、環境対策ができないあるいは燃料費上昇に対応できないレベルまで運賃を下げるということは会社経営上難しいでしょう。

反対に、コストを割り込むまで運賃が下がってしまうのであれば欠便あるいは航路から撤退する形で対処せざるを得ません。運賃下落とコスト増による撤退は直近の北米航路や欧州航路における中小船社の例が挙げられます。2020年後半以降、需要の急増を受けて北米航路や欧州航路に中小船社が参入したものの、船を借りるための用船料や燃料費が上昇して運賃が下落した2022年後半にはほとんどが撤退しているのです。

## 輸出貨物の重要性 [4]

コンテナ化が始まった直後の1970年代、アジアにおける貨物輸送の拠点といえば、日本でした。しかし、その後、NIES諸国や中国の経済発展を経て、コンテナ輸送における存在感が小さくなっていることは否めません。日本のコンテナ貨物輸送は増加しているものの、諸外国発着貨物の輸送量が増加しているためです。

また、第2章で挙げたように日本発着の貨物は1割程度が釜山港を経由しています。貨物輸送の拠点を釜山に頼りすぎることは、有事の際に問題になる可能性もあります。コロナ禍に際して釜山港が混雑したことは日本着の貨物を遅らせる原因にもなりました。

海に囲まれた国である日本において、貿易の主要な手段であるコンテナ輸送を、とくに地方で活発化させる意義は大きいと思います。以下では、**日本におけるコンテナ輸送の大**

きな課題である、地方港における輸出貨物の増加について言及します。

【表6-1】は2019年における、都市部港湾（東京・横浜・名古屋・神戸・大阪・川崎）と、外国との間でコンテナ輸送があった地方港湾60港の、コンテナ取扱量、輸出コンテナ量、輸入コンテナ量、さらにそのうちの実コンテナ量の1港当たり取扱量と合計取扱量を示しています。実コンテナは荷物を詰めたコンテナのことです。

表からは一見、都市部港湾であっても地方港湾であっても輸出入がバランスしているように見えます。しかしながら、実コンテナの輸出量と輸入量を比べると、都市部港湾では輸入が輸出の1・50倍、地方港湾では1・55倍となっており、都市部港湾、地方港湾ともに輸入量に比べた輸出量の少なさが目立っています。貨物を輸入するのに使われたコンテナの約30%が空コンテナとして返送されるのです。地方港湾では2004年の1・29倍から増え続けており、インバランスの傾向が進んでいます。

インバランスによるコストは海運会社が負担する場合もあれば、荷主が何らかの形で負担することもあります。空コンテナの回送コストを船社が負担する場合、海運会社はその地方港への寄港を避けることにもなりますし、輸入荷主が運賃に加えてインバランス・サーチャージなどの名目で負担することになればその港を利用して輸送するコストが上昇

**A：都市部港湾（東京・横浜・名古屋・神戸・大阪・川崎）**

| | 取扱量合計 | 輸出計 | うち実コンテナ | 輸入計 | うち実コンテナ |
|---|---|---|---|---|---|
| 平均値 | 2,741,802 | 1,202,656 | 761,461 | 1,202,406 | 1,143,633 |
| 合計 | 16,450,814 | 7,215,935 | 4,568,767 | 7,214,437 | 6,861,796 |

**B：地方港湾（上記６港以外の60港）**

| | 取扱量合計 | 輸出計 | うち実コンテナ | 輸入計 | うち実コンテナ |
|---|---|---|---|---|---|
| 平均値 | 82,644 | 28,531 | 16,891 | 28,060 | 25,853 |
| 合計 | 6,942,115 | 2,282,483 | 1,317,523 | 2,244,816 | 2,042,402 |

表6-1：都市部港湾と地方港湾のコンテナ取扱量、輸出コンテナ量、輸入コンテナ量の記述統計（2019年）
データ出所：国土交通省統計局“港湾統計”

します。規模の大きな港であれば回送にかかるコストも比較的小さいことが多いものの、小さい地方港においてはその港に滞留する時間が長くなったり、コンテナを回収するための船の手配が大変だったりと、回送コストも高くなりがちです。そのため、コンテナ利用のバランスが取れないことを忌避して海運会社が寄港を行わないケースも出てきます。以前筆者は海運会社の方から、地方港への寄港を避ける理由の一つとして「輸出と輸入のインバランスの大きさ」があると聞いたことがあります。日本のほとんどの地方港について「実コンテナの輸出量を増やすこと」は共通した課題といえるのです。

輸出を増やしていくために考えられる方策としては、（1）地元大企業の最寄り港利用拡大に注目する、（2）中小企業、または未輸出企業の貨物に注目する、の2点が挙げられます。

（1）に関しては大企業の製造拠点が近くにありながら、地元港を使わずに陸送などで他港を利用するケースはしばしばみられます。そういった企業に対して物流コストの削減や環境対応として地元港の利用を促すことが考えられます。たとえば、フィルム・機能樹脂のメーカーである東洋紡は2007年度までは主に阪神港で原料や製品の輸出入を行っていましたが、2008年度から物流コスト削減と$CO_2$排出削減を目的に、基幹工場に近い敦賀港の利用を促進しています。

加えて、事業継続計画（BCP）の観点から地元港からのサプライチェーンを確保する利点などをアピールして利用を促すことが重要です。2024年4月からドライバーの時間外労働規制が強化される、いわゆる「国内物流の2024年問題」への対応として、ドライバーの陸送距離を短くできる地方港の利用を促す、といったアピールも重要です。一方でそのためには港湾へのアクセスを良くすること、（2）とも関連しますが、地方港を利用する商社やフォワーダーなど物流会社を発掘、誘致することが必要になります。

ただし、（1）は日本全体の輸出量を再配分する役割にとどまるため、もっと重要になるのは（2）でしょう。「未輸出企業の貨物」にフォーカスするには、貿易の仲介を行う商社やフォワーダーをはじめとした物流会社の存在が重要です。中小企業であっても、商社やフォワーダーなどの物流会社を通じて間接的な方法で輸出を行うこと（間接輸出）が可能になるためです。商社や物流会社は多くの国で販売網を構築しており、彼らの持つネットワークを活用することで、輸出が困難な国への間接輸出も可能にします。中小企業、または未輸出企業に関しては、直接輸出をいきなり始めるより、間接輸出を通じた輸出促進がさらに考えられてよいはずです。

輸出企業を増やすためには、現在輸出を行っていない企業に対して、商社や物流会社などとのマッチングを促すことで間接輸出を増やしていくことが欠かせません。2015年に行われた帝国データバンクの調査でも、非輸出企業が商社・卸売業者を活用しない理由で最も多かったのが、「自社に適した卸売業者を見つけられない」となっており、両者のマッチングは輸出の活性化に資するはずです。

もちろん、このような方策を実現するためには、輸出企業の候補となる企業が存在しなければなりません。国際経済学の理論では、輸出を行う企業は生産性の高い企業であることが知られているものの、逆に生産性の高い企業が輸出企業であるとは限らないことも知られています。早稲田大学の戸堂康之教授は、生産性が高いにもかかわらず輸出を行わな

い企業が輸出を行っていない理由として、情報不足と、リスク回避的な態度を挙げていま
す。そして、これら企業の国際化を促進するため、海外市場の情報の獲得や海外での取引ネットワークの構築を促進しうる政策の必要性を主張しています。

輸出の促進を通じて地方港を振興するうえでは地域の産業立地にかかわる部署、産業振興に関する部署、さらには地方銀行や信用金庫などの地方金融機関とも手を携えて、企業による輸出を促進する取り組みが重要になります。企業の発掘やマッチングにあたっては、経営データの分析も必要となるため、地元の大学やシンクタンクとの協力もカギとなってくるでしょう。

さらにマーケティング、マッチングを通じて発見した課題を解決するために、地方において港湾管理者だけでなく、部門を超えた協調が必要になってくることは言うまでもありません。後背地の産業振興をどうするかという対策を進めることで、**港を中心とした産業集積や雇用創出**といった効果にもつながるものと考えられます。

## 新技術の活用

第5章で述べたようなサプライチェーンの強靭性を確保していくうえで、新技術の活用による効率改善も重要になってきます。効率性を高め、物流にかかるコストを削減できるためです。すでに触れた通り、売上高に対する物流コストの割合は大きくありません。とは言っても、物流コストを管理することによる費用削減を通じて、利潤増加に貢献できるという点では、効率改善は大切なことです。

サプライチェーンの強靭化と効率性を両立させるためには、デジタル化や機械化の積極的な活用がカギになります。近年におけるデジタル化の進展は、使えるデータを増やすと同時に、データが使えるようになるまでの時間を短縮しました。これを前提に、デジタル技術を活用することで各企業の業務プロセス改善やビジネスモデルの変革、ひいては社会全体の変革をめざすデジタルトランスフォーメーション（DX）の取り組み[5]は、コロナ禍と前後して日本でも加速しています。

デジタル化の進展の例としては、AIS（Automatic Identification System）データ利用の進歩が挙げられます。AISは船舶の衝突回避を目的に位置情報などを把握するために信号を発信するシステムで、2002年7月以降、一定以上の大きさの貨物船とすべての旅客船に対して、送信機の搭載が義務付けられています。

近年は衛星や陸上基地局が収集したAIS信号を整理して船舶の位置データや船舶寄港

データを提供するサービスが発展しており、これを活用する動きが盛んになっています。海上技術安全研究所の和田祐次郎氏らは、船舶の物流・海事分野へのＡＩＳデータの活用の観点から海事関連事業者を対象にアンケートを実施しました。その結果、【図６-１】で示すように海運市場予測、造船需要予測、船舶の基本計画支援、海上物流の詳細把握とリアルタイム推計、環境規制の影響評価などのニーズが高いことが示されています［6］。

海上物流において、もっとも重要な情報の一つが、コンテナ貨物を運んでいる船舶がどこにいるかです。これがわかるようにすること、すなわち物流情報の可視化は重要です。船の位置や状況を示す「動静情報」を活用することで売上機会損失と過剰在庫の双方を防ぎ、売り上げの確保と在庫費用や商品の廃棄コストの削減を可能にします。調達や生産、販売に関しても適切な輸送スケジュールの設定などに役立てることができるため、業務効率化を促進して売上増やコスト削減につなげられます。位置情報・動静情報を物流関係者の間で、時間差なく同じ形で共有することは難しいことなのですが、近年の技術革新によって大きく進展しました。最近ではコンテナ船スペースの情報も可視化が進み、海運会社やフォワーダーが顧客企業の生産・販売計画とコンテナ船スペース情報をすり合わせることも以前より容易に行えるようになっています。これは物流情報の可視化によって

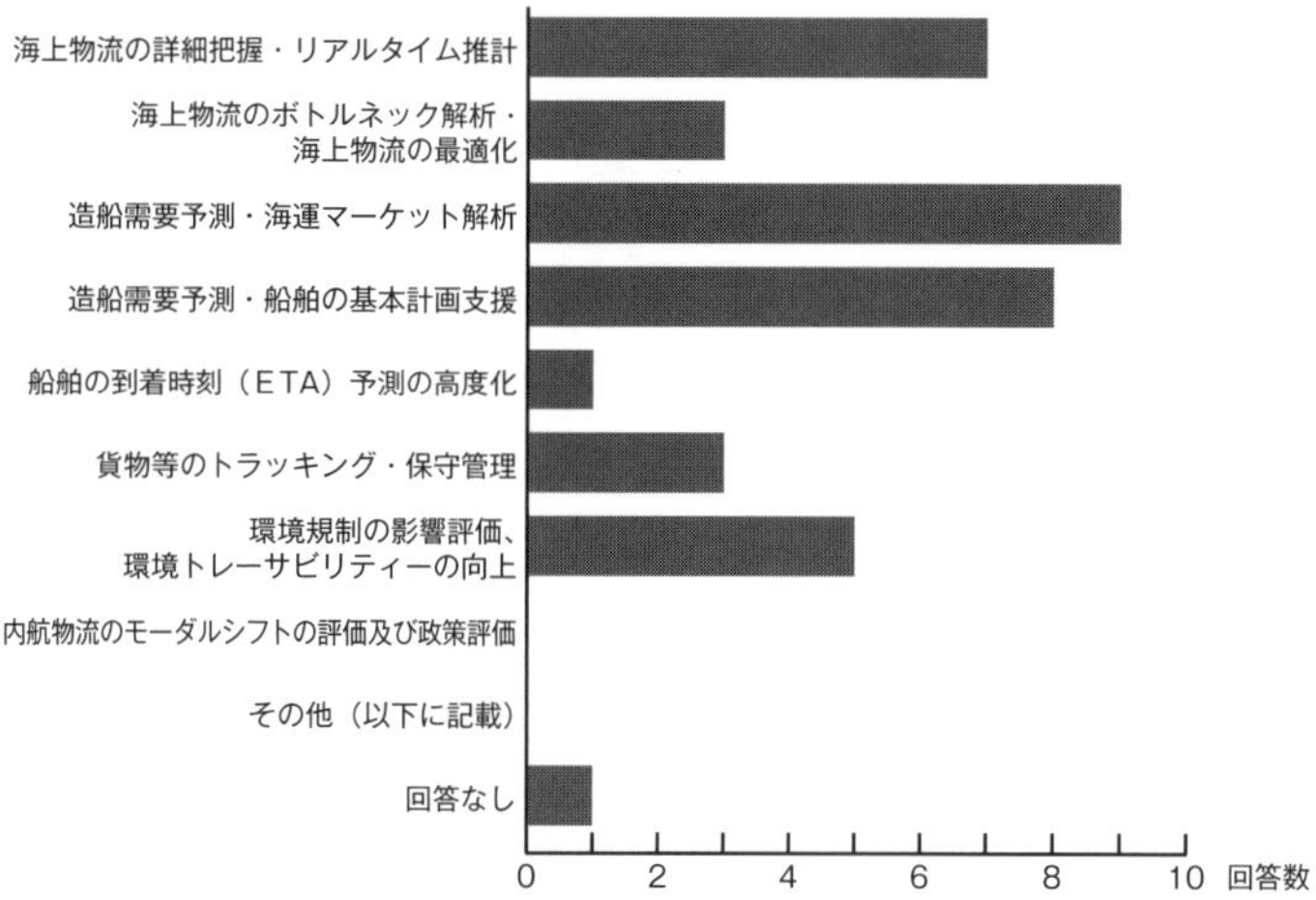


図6-1：船舶海洋工学分野の実務者に対するアンケート調査結果：AISデータの活用ニーズ（出典：和田ら2021）

サービスが拡充された例と言えます。

情報が共有されると、関係者間での〝答え合わせ〟がいらなくなるため、情報の伝達はさらに速くできます。したがって、**荷主企業は情報の流れの変化に合わせて意思決定の仕組みを変えていく必要も出てくる**かもしれません。サプライチェーン上に位置する各部門の個別最適ではなく、サプライチェーン全体の最適化を考慮して、場合によっては行動を迅速化するために組織の変革を伴う可能性もあります。物流情報の可視化以外にも、貿易手続きや決済のデジタル化など、DXのソリューションには様々なものが生まれており、もちろんこれらを組み合わせて活用することになるでしょう。こうした動きは今後、「新技術のもとでサプライチェーンの強靭化と効率性を両立する」という方向に沿って、サプライチェーンの在り方を大きく変えていく可能性があると考えます。

## コラム17 ハード面での新技術

ハード面での技術革新では、自動運航船や、コンテナターミナルの自動化、コンテナ自体の革新、といった話題があります。

自動運航船の運航では（株）日本海洋科学を代表会社としたＤＦＦＡＳコンソーシアムが２０２２年2月26日から3月1日にかけて、鈴与海運運航のコンテナ船「すざく」を実験船として実証航海を行いました。この航海では、千葉県千葉市に構えた陸上支援センターからの遠隔操船機能を含めた包括的無人運航船システムを用いて、東京港〜津松阪港〜東京港の往復約７９０キロメートルの区間を航海しています。船舶が多く行きかう輻輳海域である東京湾浦賀水道や伊勢湾伊良湖水道の無人航行に成功したことで実用化に向けて前進したとの話がある一方で、法律の整備や事故対応、保険の整備といった課題も残されています。国外との輸送に関しては、通信の安定性やシステムの信頼度、非常時対応といった技術的な成熟度、通信費などのコスト問題、さらには国際ルールが定まっていない問題もあり、自動運航コンテナ船が本格的に運航されるのはもう少し先のことになるでしょう。

コンテナターミナルについては、世界で約50の自動化コンテナターミナル（CT）が稼働もしくは計画中との話があります。日本では名古屋港の飛島コンテナ埠頭が自動化ターミナルです。

コンテナターミナルの自動化の内容は、①コンテナの搬出入や移送、②コンテナを一時的に保管するコンテナヤードでの荷役作業や積み揚げなどに分かれています。これらのうち、コンテナターミナル出入口付近の搬出入部分やコンテナヤードに関しては技術的にはすでに確立されています。一方で技術開発がまだ必要なのは、コンテナを岸壁から積み下ろしするガントリークレーンや船舶内での作業部分です。

自動化のメリットはコスト面よりも安全性の追求にあると言われています。天候状態やウイルスの蔓延などの労働環境に左右されずに24時間連続稼働ができることもメリットとされています。

コンテナ自体の技術革新によって海上輸送サービスが向上した例もあります。生鮮食品や医薬品を海上輸送することで、航空輸送に比べて大ロットかつ安価な運賃での輸送が実現できます。しかし、海上輸送は航空輸送に比べて時間がかかるため、なんらかの鮮度保持対応が必要になります。これに対応するのが、通常のリーファーコンテナに窒素ガス発生装置を装備したCA（Controlled Atmosphere）コンテナです。このコンテナでは青果物の呼吸により変化するコンテナ内の酸素および二酸化炭素の空気組成をコントロールできるので、輸送対象の青果物に適合する空気組成と低温状態を維持することが可能になりました。

## 選ぶ立場から選ばれる立場へ

本章の最後に、今後の日本の国際物流や貿易に関して、日本の人々が立たなければならない前提が変わっていることについて述べます。

2020年後半以降のサプライチェーンの混乱を受けて、問い合わせや取材を受ける機会が増えました。海運やコンテナ輸送の事情を話すことから取材は始まるものの、国際物流における日本の立場を話すうちに、「どうして日本にコンテナがやってこないんですか」といった反応を見せる記者やディレクターがいました。高い品質の製品を輸出し、経済規模でも世界第三位の豊かな国に、モノがやってこないことに納得がいかないのです。

これに関して、私は「日本が巨大な工業製品の輸出国である」という認識からアップデートできていない人が意外と多くいるのではないかとの仮説を持っています。そのような認識は昭和時代の社会科の教科書に書いてあったようなことですし、「いまさらそんな認識を持った人はいないでしょう」という反論は容易に予想されます。とはいえ、そうとでも考えなければ、前述のような反応には説明がつかないのではないでしょうか。

一方で、「日本が巨大な工業製品の輸出国である」との認識は、おそらく視聴者や購読者のニーズをある程度反映したものなのだろうとも予想しています。高度経済成長期の成功体験から脱却できていないとおぼしき人々が世の中に無視できない数で存在し、しかもその認識を若い方々に再生産しているのではないかと考えるほうが腑に落ちます[7]。

先にも述べた通り、かつては、欧米諸国とアジアとの貿易・物流において、中心地のひとつは間違いなく日本でした。しかし近年では日本の輸送シェアは小さくなっています。欧米へのコンテナ輸出では中国はもちろん、韓国やベトナムやタイ、インドよりも日本のシェアは小さくなっています。米国行きのコンテナ輸送で2021年の日本のシェアは2・7%にとどまっているのです。

いまや世界の海運会社や企業にとって、日本は選択肢の一つに過ぎません[8]。コロナ禍における世界でのサプライチェーンの混乱に際して、日本において空コンテナの輸送が遅れたのは、輸送量における日本のシェアが低いこと、日本発着輸送で得られる運賃のシェアが小さいことが大きな理由の一つです[9]。

先に述べた通り、今後は経済の振興を通じて日本の貨物輸送量を増やしていくことも大事でしょうし、日本との取引を選んでくれる人や会社を大切にしなければなりません。サプライチェーンを強靭化して、安定した物流体制を整えるためにもこの点は考慮に入れなければならないと考えています。

# おわりに——水、空気、コンテナ輸送

コロナ禍はコンテナ輸送に対する社会的な関心を確実に高めました。サプライチェーンの混乱を経た輸送の遅延などを通じて、これまであまり目に触れる機会がなかった海運業界やコンテナ、海上輸送のことが多く伝えられるようになっていきました。コンテナ不足が大きく報道されだすと、新聞やテレビなどからの問い合わせもこれまでになく増えてきました。

「コンテナ物流と経済に関する本を執筆してみませんか」とKADOKAWAの間孝博さんからお声がけがあったのは、コンテナ輸送の機能不全がピークに達していた2021年12月のことでした。コンテナ運賃もアジアから北米まで8000ドル近くに達しており、ロサンゼルス/ロングビーチ沖では100隻以上のコンテナ船が港にたどり着くのを待っていました。しかしながら、執筆に予想以上の時間を要し、運賃水準もコロナ禍の前に戻ってしまい（これも予想外でした）、もしかしたら本を出すべき「旬」を逃してしまったかもしれません。そのようなことがあれば、すべては私の遅筆が原因であり、逆になんとか最後まで到達できたのは、間さんが叱咤激励してくれたことによるものです。

実は、前職の（公財）日本海事センターで仕事を始めたとき、私は海運やコンテナ輸送にまつわることをまったく知りませんでした。たとえば「邦船三社（日本郵船、商船三井、川崎汽船の日本の三大海運会社）」と言われても何のことかわかりませんでした。海運にかかわる研究者の多くは、文系であれば交通経済学や都市経済学などのゼミ、理系であれば土木工学や交通工学の研究室の出身です。一方の私は、これらの分野とは縁が薄く、海運について学ぶ機会はありませんでした。

そんな私が前職に就けたのは大学院の先輩である中泉拓也さん（現：関東学院大学経済学部教授）からの紹介があったからこそで、あらためて感謝したいと思います。前職では、すべてが順調に進んだわけではなく、紆余曲折もありましたが、博士号を取ることもできて、研究者として道を何とか歩めているのは、本当にめぐりあわせというほかありません。学位を取る過程では、指導教員を引き受けていただいた花岡伸也先生（東京工業大学教授）や、手塚広一郎先生（日本大学経済学部教授）から多くの助言をいただきました。また、日本海事センターの同僚となった中村秀之さん、野村摂雄さん、森本清二郎さんや、日本海事センターの同僚から共同研究者となった川崎智也さん（現：東京大学大学院工学系研究科講師）や渡邉壽大さん（現：石巻専修大学経営学部准教授）には業務でも研究でもお世話になっています。（一社）日本船主協会企画部の方々や日本海事センターの後任である後藤洋政さんにも感謝を述べたいと思います。

また、現在の仕事についてからも、さまざまなめぐりあわせに恵まれました。とくに日本海事新聞社の幡野武彦さんには、『日の丸コンテナ会社ONEはなぜ成功したのか？』（日経BP）で共著の機会をいただいただけではなく、海運会社をはじめとした幾人もの実務関係者にお引き合わせいただき、その過程で今まで得た知識の幅を広げることができました。実務者の中でもとくに日本郵船調査グループの原源太郎さんからはコンテナ輸送の何たるかについて多くを教わりました。お二方とのかかわりなくしては、本書のとくに5章と6章は書けなかったのではないかと思います。もちろん、この本の中に多くあるであろう瑕疵や問題点について、責任は著者たる私に属します。

最後に、妻と二人の息子に感謝の言葉を送ってこの本の執筆を締めくくりたいと思います。この三人や、名前を挙げることの出来なかった友人たちの存在抜きにこの本を書き終えることはできなかったと思います。

そんなこんなで、今まで仕事を進めてきた過程で出会った多くの方々に支えられてこの本はできています。「はじめに」で、「水と空気とコンテナ輸送」という言葉を使いましたが、これなしにわれわれの生活は成り立たせることができないといえるほど、いまやコンテナ輸送は生活のなかに溶け込んでしまっています。この本を読んでいただいた方々が、海運やコンテナ輸送にさらに興味を持っていただければ、これ以上の喜びはありません。

２０２３年１月

松田琢磨

# 巻末註

## はじめに

[1] 使用済み製品や返品された商品、産業廃棄物などを輸送する物流のことを「静脈物流」と呼びます。
[2] コンテナ輸送では、20フィートコンテナの個数に換算して輸送量や船腹量を示します。20フィートコンテナ1個分の貨物を1TEU（Twenty-foot Equivalent Unit）と呼びます。詳しくは第2章を参照してください。
[3] 財務省「貿易統計」より。残り約30％が航空貨物、約30％が原油や石炭、鉄鉱石などコンテナ以外の海上輸送貨物です。一方重量ベースでは、コンテナ輸送のシェアは13・5％にとどまります。
[4] コンテナ海運会社であるオーシャンネットワークエクスプレスのYouTubeページには2019年にタイで行われたSUPER GTレーシングカーが日本からタイのサーキット場へ運ばれている動画があります。https://www.youtu.be/u8YB0SfRjMA

## 序章

[1] 「黒船」で日本を訪れた東インド艦隊司令長官のマシュー・ペリーが大豆を日本から米国に持ち帰っ

たことが報告書に記されています。

［2］1973年、米国による大豆輸出規制が行われました。日本では当時、米国からの輸入にほとんどを頼っており、豆腐の価格が高騰し、買い占め騒動まで起きたことがありました。これを受けて、輸入国の多角化を模索した田中角榮首相（当時）がブラジルでの栽培に着目。同国の内陸部で日本とブラジルの共同事業が始まったのが1979年です。さっそく事業計画や資金、技術の面で協力が始まり、700戸以上の農家が入植して開拓をはじめました。これがブラジルでの大豆生産の始まりとなっています。

［3］国産大豆はすべて食品用です。

［4］物価変動を考慮すると、約800円の増加になります。

［5］ただし、搾油・飼料用を含めた大豆全体の輸入量は21世紀に入って減少傾向にあります。

［6］貿易統計では輸入の場合、運賃込みの輸入額が発表されています。港までの運賃は輸出側の負担となることが多く、商品の代金に含まれています。

［7］2022年8月5日、通販サイトでの価格です。輸入大豆を使った納豆も同様です。

［8］その後、同じ内容を別の大学で説明したときに「国産大豆のほうがいい」といった学生がいたことも注記しておきます。

［9］石炭や鉄鉱石、穀物などの固体資源を中心としたさまざまな貨物を梱包せずに運ぶ船をばら積み船、もしくはドライバルク船と呼びます。

［10］飼料用に用いられます。

[11] 大型のばら積み船は船にクレーンを搭載しておらず、港にある大規模な荷役（積み下ろし）設備で荷物の積み下ろしを行います。小さい船（と言っても長さ100メートル以上あります）はクレーンを装備しており、設備のない港でも荷役ができることが特徴です。

[12] ばら積み輸送でもコンテナ輸送でも2週間程度です。

[13] 米国から日本の港に1隻の船で直接運ぶ（直航といいます）のではなく、韓国の釜山《プサン》や台湾の高雄《カオシュン》などの港で小さな船に積み替えて日本に運ぶ積み替え（トランシップ）が用いられることがあります。トランシップの場合、短くとも輸送時間が1日は追加されます。乗り換える船の状況によっては1週間以上の輸送時間が追加されることもあります。

[14] 初めから袋詰めしていればキログラム単位の輸送も可能になります。

## 第1章

[1] Krugman, Paul(2009), Citigroup Foundation Special Lecture, Festschrift paper in honor of Alan V. Deardorff, University of Michigan IPC working paper 91, 20

[2] Marc Levinson (2020), "Outside the Box",(日本語訳：『物流の世界史』田辺希久子訳、ダイヤモンド社)

[3] 派生需要、という言い方は交通経済学や交通分析で多く用いられています。

[4] この項はKawasaki, T., Matsuda, T., Lau, Y.-y. and Fu, X. (2021), "The durability of economic indicators in container shipping demand: a case study of East Asia–US container transport", Maritime

Business Review を参考にしています。

[5] 経済学ではこのような変数Aの1%の伸びに対して変数Bが何%変動するかの感応度のことを「弾力性」と呼びます。

[6] 1990年代はコンテナ海運企業の体制に大きな変化のあった時期でした。これについては後述します。

[7] Fenton, C., Storrs-Fox, P., Joerss, M., Saxon, S. and Stone, M. (2018) "Brave New World? Container Transport in 2043" TT Club Report. https://www.ttclub.com/media/files/tt-club/brave-new-world/brave-new-world-full-report.pdf

[8] たとえば、みずほ銀行は「みずほ産業調査」の物流業界に関するレポートの中で毎年主要航路のコンテナ貨物荷動き予測を発表しています。

[9] Kawasaki et al.(2021)

[10] シンクタンクなどのレポートを一括して知るには経済レポートドットコム（keizaireport.com）というサイトが便利です。

[11] テクニカルな問題もあります。荷動き予測では一番シンプルなものとして、コンテナ輸送量＝定数項＋係数×輸入国の実質GDPの式が良く用いられます。しかし、コンテナ輸送量も実質GDPも基本的に時間に沿って増加するトレンドを持つ指標であるため、厳密にはこの関係をシンプルに用いることは計量経済学では望ましくないことが知られています。

[12] 高橋伸服（2022）「コンテナ荷動き量の先行指標としての中古住宅販売件数の有効性」海運経済研

究、58号

[13]スエズ運河の通航料はSDR（Special Drawing Rights; 特別引き出し権）と呼ばれるIMF（国際通貨基金）が設定した人工的な通貨単位で行われることになっています。

[14]AISはもともと航海の安全のために開発された経緯を持ちます。しかし、現在ではさまざまな形での応用がなされています。AISデータを市場の分析に利用しようとする研究もすでに始まっています。報道でも使用されることが増えています。

[15]衛星データの物流への活用については、2022年に経済産業省と新エネルギー・産業技術総合開発機構（NEDO）が「NEDOサプライチェーン・データ・チャレンジ」を開催しました。このコンペは衛星画像データと多様な情報を組み合わせて、サプライチェーンモニタリングやマネジメントの高度化に役立てるアイデアやシステム提案を賞金付きで募集する初めてのイベントとなりました。

[16]このコラムは、コンテナ輸送以外を含む外航海運一般の内容となっています。

[17]外航海運業の場合、日本での取引であってもドル建てにすることがあるため、ほかの産業で海外売上高であるのに対して、ドル建て売上高という比較をしています。

[18]国土交通省海事局「数字で見る海事2021」で示された、2020年度についての数値です。

## 第2章

[1]鉄道貨物で使われているJR貨物の代表的なコンテナは、長さ12フィート（3・6メートル）で積載重

量が5トンと、海上コンテナとは異なる国内規格のコンテナです。ただしこのコンテナが国際輸送に使われることもあり、たとえば、韓国との間での貨物輸送で韓国産キムチなどが運ばれたりしています。

[2] リーファーコンテナや、それらを使ったコールドチェーンについての詳細は平田・松田・渡部（2022）『新国際物流論』の第11章などを参照してください。

[3] タンクコンテナで異なる種類の液体を入れることのできない場合は、荷主がコンテナを所有することがあります。これを荷主保有コンテナ（Shipper's Own Container; SOC）と呼びます。

[4] 第2章で詳述します。

[5] Daily Cargo2022年6月14日号「変わりゆく製造拠点、かつて日本もコンテナ今昔物語、EFインター・中尾氏に聞く」

[6] 2021年9月、CIMCはMCIを約9・8億ドルで買収することを発表しました。これを受けて、米国司法省は、断熱・リーファーコンテナ製造業者大手4社のうち2社の合併で、中国国営企業が同市場の90%以上のシェアを握ることについて懸念を表明。その結果、2022年8月25日、CMICはMCIの買収を断念しました。今でもマースクはMCIの売却方針を立てており、別のメーカーへの売却可能性は残されています。

[7] ちなみに、JR貨物のコンテナも多くが中国で製造されています。

[8] ONEは日本郵船、商船三井、川崎汽船のコンテナ船部門を分離・統合してシンガポールに設立されました。同社設立の詳細については幡野武彦、松田琢磨『日の丸コンテナ会社ONEはなぜ成功した

のか？』日経BPを参照してください。

〔9〕マースクは1999年にシーランドを買収し、CMA-CGMは2015年にAPLの親会社であるNOLを買収しています。

〔10〕CCNIは2014年にハンブルク・スードに買収され、CSAVも同年にハパックロイドに買収されました。ハンブルク・スードは2017年にマースクに買収されています。

〔11〕海運会社は、荷物の入ったコンテナを運ぶことで運賃収入を得るため、どれだけ荷物の入ったコンテナが運ばれているかの「コンテナ貨物輸送量（ないしは荷動き量）」を重視します。一方港では、港の中でどれだけコンテナを動かしたかの「コンテナ取扱量」が重視されます。コンテナ取扱量では輸送量に加えて、空コンテナの輸送量、積み替えを行ったトランシップ輸送量が考慮されるため、コンテナ貨物輸送量の約4倍の数値になります。

〔12〕港から積み出す貨物を生産・供給する地理的範囲や港に陸揚げされる物資を消費・需要する範囲のことを指し、ヒンターランドとも言います。

〔13〕2010年代まで、香港は東アジアの中でも域内航路のループ数が最も多い港湾の一つであり、東アジア域内航路のハブ港湾となっていました。

〔14〕税金の問題もあり、10年ほど前の時点では、深圳にある日系企業のほとんどがコンテナ貨物の輸出に香港を利用するという話もありました。

〔15〕ただしマースクもエバーグリーンもシンガポールにも寄港させています。

〔16〕釜山港はもともと多くの貨物を取り扱っていた北港地区（関釜フェリーが停まる地区）と新港地区に分

かれています。両地区の距離は約30キロメートルあります。

[17] 渡邊壽大・川崎智也・松田琢磨（2019）「統合港湾の複数主体間関係に着目した港湾運営手法の分析」海運経済研究

[18] Alphaliner調べ。フルコンテナ船でない定期船航路就航船舶を入れると6502隻です。

[19] 一方で、船が大きくなると1回の寄港で発生する貨物の積み下ろし量が増えるために港での労働負荷が高まる、大きな船は深い水深の港でなければ寄港できないため立ち寄れる港が限られる、1回の寄港のために集めなければならない貨物を増やす必要があるためさらなる営業努力が求められる、などの問題点も指摘されています。

[20] 積み込むことのできる貨物量で表した船の大きさを「船腹量」といいます。

[21] 重量満船やそのほかの理由で荷物を積み込めずにおいて行かれることを「ロールオーバー」と呼びます。

[22] 厳密にいえば、北米航路はアジアと米国、カナダ、メキシコの間の航路です。

[23] 正確な換算ではないものの、TEUあたり10トンと考えると、日本海事センターが発表している重量ベースの数値からTEUベースの輸送量の概算ができます。

[24] この節の説明は後藤洋政「コンテナ運賃の動向と物価に与える影響の整理」2022年1月日本海事新聞の内容を、著者からの許諾を得たうえで参考にしています。感謝します。

[25] 40フィートコンテナの容積は20フィートコンテナの倍で、輸送量などでも40フィートコンテナ1個分＝2TEUと計算されることが多いものの、適用される運賃は2倍より小さくなることが普通です。

[26] 日中航路では、中国発の貨物が日本発の貨物の2倍以上あるため、中国発日本向けの航路がメインホールであり、日本から中国への航路がバックホールです。

[27] もちろん、高級品では飛行機で運ばれることもあります。

[28] ファストファッションでもZARAは航空輸送を活用していることが知られていますが、これは例外的です。

[29] HS（Harmonized System）コードは国際貿易に際して名称や分類を世界で統一的に取り扱うために「商品の名称及び分類についての統一システム（Harmonized Commodity Description and Coding System）に関する国際条約」に基づいて定められた分類番号です。6桁までは条約で決まった世界共通の分類であるものの、7桁目から9桁目は各国によって異なる方法で分類がされています。

[30] 中国の環境規制の問題は後述します。

[31] 鉄スクラップは電炉で溶かしたのち、鉄鋼製品に加工されて使用されます。ただし、どの場所で発生したスクラップであるかによって品質が大きく異なるため、発生場所ごとに運ぶことのできるコンテナ輸送が利用されることがあります。ほかにも米国からの鉄スクラップの輸出が多い国として、トルコが知られています。トルコは鉄スクラップの一大輸入国で、鉄スクラップを電炉で溶かしたのち、建材を生産してアフリカ諸国に輸出しています。

[32] これらは飛行機で運ばれます。2020年のコロナ禍のときはボージョレ・ヌーヴォーを運ぶために鉄道も利用されました。

[33] ちなみに同じ曜日に寄港させるためには、ループの運航日数が7の倍数である必要があります。ON

Eのスケジュールを見ると。北東アジアと北米西岸の間の航路では42日ないしは49日、北東アジアと北米東岸の間では70、77、84日のいずれかに設定されています。

[34] コンテナ船の定時到着率を発表しているシンクタンクSea-Intelligenceは、到着予定日から1日以内の遅れである場合を遅延と定義しています。不定期船の場合、たとえば穀物収穫期の混雑などによる数週間の遅れは珍しくありません。

[35] 製油所向けの原油タンカーや発電所向け石炭輸送船、製鉄所向け鉄鉱石船のように、片道輸送に専念するケースもあります。

[36] S＆Pのデータによる。

[37] 航路によっては「コンテナ・インバランス・チャージ（CIC）」と呼ばれる追加料金が、メインホールの貨物に追加されることがあります。これは回送費用の一部を実コンテナの荷主に負担してもらう考えに基づいています。

[38] 運賃負担力が低い、という言い方をします。逆に重さ当たりの単価が高い自動車部品や精密機器などは、販売価格に占める運賃の割合が数%に満たないこともあります。運賃が上昇しても販売価格、ひいては荷主の利益に対する影響が軽微であるため、運賃負担力が高くなります。

[39] これはスポット運賃です。長期契約運賃を用いて運賃を下げることができます。

[40] 判断した結果、帰りの荷物は運ばない選択もありえます。2020年から2021年にかけてサプライチェーンが混乱した際、米国から日本への貨物輸送が滞った理由の一つにこの判断があります。中国発貨物の運賃が大きく上がった一方で、米国発貨物の運賃の上昇は鈍いものでした。また、日本発

貨物の運賃の上昇も相対的に小さかったため、日本発貨物の運賃＋米国発日本行き貨物の運賃を稼ぐより、リポジショニングコストを支払っても中国発貨物をできるだけ多く運んだほうが利潤が高いとみなされました。外資系海運会社を中心に日本への輸送より中国へのコンテナ回送を優先する事態が生じたのです。

〔41〕飼料全体では25％です。

〔42〕細かく言うと、三社はONEの持株会社、Ocean Network Express Holdingsに対して出資しています。Ocean Network Express Holdingsの下に、事業会社であるシンガポールのOcean Network Express Pte. Ltdや日本の事業会社であるONEジャパンがあります。

〔43〕ONEの詳細な設立経緯については、幡野武彦・松田琢磨『日の丸コンテナ会社ONEはなぜ成功したのか？』日経BPをご覧ください。

〔44〕アポンテ氏は世界的な大富豪としても知られています。

〔45〕もちろん、MSCの子会社に港湾ターミナルの運営会社や物流企業もあります。同社は大手のターミナルオペレーターであるTILを設立し、現在でも最大株主です。また、2022年末にはフランスにあるボロレ・アフリカ・ロジスティクスを買収しました。一方で、2022年8月にはヘルスケア産業に進出するという報道が流れました。（"London-listed hospital group Mediclinic accepts £3.7bn offer" Financial Times 2022年8月4日）

〔46〕松田琢磨（2018）「一帯一路と海運政策―中国海運業の現状と課題―」運輸と経済、2018年12月号

[47] 小野瀬拡（2014）「企業家に与える経験の影響―長栄集団・張栄発の事例をもとに―」経営学論集、第25巻、第1号、九州産業大学経営学会、31-48ページ。

[48] 高橋伸夫（2003）「日本の海運会社の定期航路部門とコンテナ化」赤門マネジメント・レビュー、第2巻、第2号、特定非営利活動法人グローバルビジネスリサーチセンター、83-106ページ。

[49] 大陸に残った招商局の事業は、中国政府直属の中央企業となり、傘下にターミナルオペレーターや中国最大の物流企業グループのシノトランスを傘下に置く「招商局集団」として活動を続けています。

[50] 国内輸送のコンテナはオレンジ色です。

[51] RORO（Roll-On Roll-Off）船とは貨物を積んだトラックやトレーラーが船に備え付けられたスロープ（ランプウェイ）から自走して乗降でき、そのまま運べる船のことを指します。

## 第3章

[1] Rua,G.,(2014)"Diffusion of Containerization",Finance and Economics Discussion Series 088, pp.1-63 および Guerrero, D. and Jean Paul Rodrigue.(2014)"The Waves of Containerization: Shifts in Global Maritime Transportation", Journal of Transport Geography, 2014, 34, pp 151-164.

[2] Koech, J.(2013) "Cheaper by the Box Load: Containerized Shipping a Boon for World Trade." Globalization and Monetary Policy Institute 2013 Annual Report. Federal Reserve Bank of Dallas pp2-9.

［3］渡部富博、二田義規、柴崎隆一、赤倉康寛（2008）「コンテナサイズに視点をおいた国際海上コンテナ輸送に関する基礎的分析」国土技術政策総合研究所資料、478号

［4］Fenton, C., Storrs-Fox, P., Joerss, M., Saxon, S. and Stone, M. (2018) "Brave New World? Container Transport in 2043" TT Club Report.

［5］厳密にはほかのタイプのネットワークもありますが、ここでは省略します。

［6］ロッテルダムとドイツ西部の場合はバージ船を用いて河川を航行するフィーダー輸送となります。

［7］柴崎隆一（2010）「岐路に立つ東アジアの港湾—インフラ開発競争後のパラダイム—」運輸と経済、第70巻、第3号、12-22ページ。

［8］コンソーシアムの枠組みを使わないアライアンスもあります。

［9］個別航路では異なるアライアンスに属する会社と共同運航をすることがあります。

［10］2010年代の頭では8000TEUを超えると大型船と呼ばれていました。現在の最大船型は2万4000TEUを超えています。

［11］ただし、後述するように現在では実効力はほぼ失われています。また、2008年に欧州委員会によって海運同盟が禁止されてからは同盟自体がなくなるケースも増え、今では一部の航路を除けばほとんど実体もなくなっています。

［12］これよりも前に大西洋での輸送や英国の近辺で海運同盟と似た制度があったことが指摘されています。

［13］コンテナ化が始まる前の話ですが、1953年に三井船舶（現在の商船三井）が欧州航路の同盟への加盟を拒否されたため、同盟に属さない形で運航を開始した際に戦闘船の導入が起こったことがあり

ます。この「戦闘」は紆余曲折を経て1957年に加盟が認められるまで続きました。

[14] ただし、この取り決めは1990年代に入って形骸化します。

[15] 2017年にOcean Network Expressがシンガポールに設立されました。

[16] 韓進海運の倒産については後述します。

## 第4章

[1] ここでは話を簡単にするために、単純な往復を想定しています。実際には様々な経路をたどって、コンテナが世界各地を移動することがあります。

[2] バックホールでは古紙や木材、原材料など重量勝ちの輸送が多いため、重量満船が起こりやすい傾向があります。

[3] なお、コンテナの箱不足自体は2021年には解消されました。

[4] 英国ではEUからの脱退（ブレグジット）の影響でトラックドライバーがさらに不足する事態が起こりました。かつては東欧出身者が多くトラックドライバーになっていましたが、ブレグジットによりトラックドライバーも英国人に限られるようになりました。新型コロナウイルスの影響でドライバーのなり手が少なくなったことが内陸輸送の停滞の問題を大きくしました。

[5] 2020年3月、米国では各世帯への現金給付や失業保険の拡充を含む「コロナウイルス支援・救済・経済安全保障法（Coronavirus Aid, Relief, and Economic Security Act）」が成立しました。給付金は

個人・世帯への支援では、成人に1200ドル、未成人（17歳以下）に500ドルが提供されました。失業保険の拡充は、各州からの給付に1週間当たり600ドルの追加給付を受けられるものでした。そのあとも2度にわたって給付金が支給されました。

［6］バンドワゴン効果は、多くの人々がある選択肢（この場合はコンテナスペースを予約する行動）をとっている状況が、当該選択肢を選択する人々をさらに増やす効果を指します。

［7］この件に関して、以前ある方から「海運会社が船を隠しているのではないか」とのコメントがありました。現在は一定の大きさ（1000総トン）以上の船舶はAISを搭載しており、多少のズレがあったとしてもほとんど位置を把握されています。何らかの意図を持って船舶を運航していない限り、コンテナ船を完全に隠すのは不可能と言って差し支えありません。

［8］船を運航させずに港に停泊させたままにしておいたり、一定の場所に停泊させることを係船と呼びます。係船が行われるのは需給バランスを調整する以外に、修繕や検査のために造船所の修繕ヤードに入るケースもあります。

［9］中国の春節は約2週間ほどの正月休みとなり、主に内陸地方から沿海部に出稼ぎにきた労働者が帰省するシーズンとなります。そのため製造業は生産が一時的に止まり、輸出量も激減します。

［10］北米西岸における労働争議の問題は後述します。

［11］船舶は発注されてから竣工までに1年から1年半のタイムラグが発生します。このタイムラグがあるために、輸送需要の見通しが明確に立たない状況で発注を行う必要があり、2008年に起こったリーマン・ショック後の時期のように多くの船舶が発注されたあと、竣工時点では輸送需要がしぼん

でいたということも珍しくありません。このタイムラグの存在は、船舶への投資を難しくする大きな要因の一つとなる一方で、どのように船を調達するかは海運会社の経営力の見せ所となる部分でもあります。船を安く購入したり借りたりできると、減価償却費や用船料を抑えることが可能になるため、運航コストを下げ、ほかの会社に比べて有利になるためです。

[12] 2021年度には国内生産が37・2億枚まで増加したものの、供給量が163・1億枚まで増加したため輸入比率は2019年度も2021年度も約77%でほとんど変わっていません。

[13] 船舶は、船舶を保有する船主と運航を担当するオペレーターが分かれていることがあります。エバーギブン号の場合も船主は日本の正栄汽船であり、オペレーターが台湾のエバーグリーンでした。船の貸し借り（用船）契約においては、船員の手配を船主が行うのが普通であり、安全運航の責任もオペレーターではなく船主が負います。

[14] もちろん、保険料が上昇して将来的な保険負担が増えることになります。

[15] World Shipping Council (2022) "Containers Lost at Sea 2022 Update"

[16] 北米東岸にもＩＬＡ（International Longshoremen's Association）という労働組合があります。

[17] ロックアウトが起こると労働者は港に入れず、職場に出勤していないことになるため、ロックアウト期間分の給与が減らされます。これが使用者側のロックアウトが対抗措置になる理由です。

[18] 中国はロシアに対する制裁に参加していないため、中国とロシアの間の貨物輸送は変わらずに行われています。

[19] 本来、米国の貿易赤字は米国の経済構造に根差したものです。経常収支の大きさはＩＳバランスと

呼ばれるシンプルな関係式で説明できることが知られています。ISバランスとは、経常収支は「国全体の貯蓄額－投資額」と財政収支の合計につねに等しいという関係を指します。2017年時点で米国の財政収支は9544億ドルの赤字であり、民間では貯蓄が投資を7268億ドル上回っているものの、財政赤字をカバーできるだけの貯蓄額がなく、そのほかの項目でもマイナスがあります。そのため、「国全体の貯蓄額－投資額」と財政収支の合計は赤字となり、これを受けて経常収支も赤字となります。1980年代に日米貿易摩擦が取りざたされていた際も、ISバランスを踏まえれば米国の対日貿易赤字は米国の競争力の低下や日本の不公平な貿易を意味しないという議論がなされていました。ある国際経済学者は「貿易政策は国内の貯蓄や投資に影響を与えるものではないため、貿易収支にも影響を与えない。したがって一国全体で見ると、貿易赤字は通商上の問題というよりは政府部門を含めた国内の貯蓄と投資の問題である」とコメントしています。中国側でも米国の経常赤字の状況に対して「対中貿易赤字を強制的に縮小させたとしても、ほかの貿易相手国に対する赤字がむしろ増え、全体の貿易赤字は減らないだろう」という反論がありますし、現在ではベトナムに対する貿易赤字が問題視されるようになってきています。

[20] 吉田有希（2022）「豪州と中国の二国間関係～豪中対立の行方～」、ファイナンス、2022年3月号、38-49ページ

[21] 日本では牛丼に使われることが多いです。

[22] ここの内容は、Tran Trang, Hiromasa Goto and Takuma Matsuda: The Impact of China’s Tightening Environmental Regulations on International Waste Trade and Logistics, Sustainability, Volume 13,

Issue 2, 987, 2021. を参考にしています。

[23] 預金準備率操作は、銀行が中央銀行に持つ当座預金口座に預けられる上限額を設定することで、市場に流通する通貨の量を調整する政策です。公定歩合操作は中央銀行が一般銀行に資金を貸し出す際の金利を上下させる政策です。日本では預金準備率操作はほとんど使用されませんが、中国では金融政策としてしばしば使われていることが知られています。また、日本において公定歩合は金利の自由化が進んだことから、公定歩合と預金金利との直接的な連動性もなくなり、現在では基準貸付利率と呼ばれるようになっています。ただし、ほかの国では今でもマクロ金融政策として利用されるところがあります。

[24]『朝日新聞 GLOBE』2021年6月16日版「コンテナで命を落とした26歳ベトナム人女性『なぜ』の答えを探しに故郷に向かった」https://globe.asahi.com/article/14370697

## 第5章

[1] 齊藤実(2004)「規制緩和とトラック運送業の構造」国際交通安全学会誌、29巻、1号、44-51ページ

[2] 橋本愛喜(2020)『トラックドライバーにも言わせて』新潮新書

[3] 生産拠点を複数化するのも複線化です。これについては後述します。

[4] Lori Ann LaRocco (2023)“Some supply chain managers are wary of shifting trade back to West Coast

ports"https://www.cnbc.com/2023/01/03/supply-chain-managers-wary-of-shifting-trade-back-to-west-coast-ports.html

〔5〕2017年におけるONEの発足で日本の荷主が危惧したことの一つは、複数の日本の海運会社との契約ができなくなることでした。当時はたとえば、コンテナ輸送で一番目に利用する海運会社を日本郵船にして、なにかあったときには川崎汽船を利用するといったように、複数の日本の海運会社と契約する対応がとられていることがありました。ONEの発足で両社のコンテナ輸送部門が同じ会社になったため、ONEともう一つの海外の海運会社と契約する、ONEのほかに別のフォワーダーと契約するといったような対応を取ることになりました。

〔6〕コンテナ輸送では半分以上の輸送で海運会社と荷主が直接契約を結ぶ一方で、航空輸送ではほとんどがフォワーダーを介して契約を行います。ですので、輸送手段を切り替える場合、すでに契約しているフォワーダーを介して輸送手段を切り替えてもらうか、海運会社との契約とは別にフォワーダーに航空輸送を行ってもらうべく契約を結ぶ対応が選択肢となります。

〔7〕この動きは「船落ち」と呼ばれています。新型コロナウイルスの感染拡大に際しては自動車部品などを中心に代替手段として航空貨物輸送が利用されていました。

〔8〕シベリア鉄道の利用はロシアによるウクライナ侵攻以来激減しています。

〔9〕ここからさらに原材料の生産過程がありますが、省略します。

〔10〕OECD（経済協力開発機構）は、多国籍企業に対し、人権、情報開示、環境等幅広い分野における責任ある行動を自主的にとるよう勧告するための「多国籍企業行動指針」を1976年に策定してい

ます。２０１１年、この指針に人権デューデリジェンスに関する規定が追加され、２０１８年には人権、労働、環境、贈賄・汚職など、事業運営とサプライチェーンに含まれる様々なリスクに対処して行動指針を実施するための実務的方法を提示した「責任ある企業行動のためのＯＥＣＤデュー・ディリジェンス・ガイダンス」も策定しました。ほかにも、欧州委員会は、２０２２年２月に一定規模の企業に対して人権および環境に関するデューデリジェンスを義務化する「企業持続可能性デューデリジェンス指令案」を公表しています。また、この指令案に併せて公表された文書で、強制労働関連産品の上市禁止に関する立法手続きの準備を進めることを表明しました。ドイツでも、一定規模以上の企業に人権デューデリジェンスを義務付けるサプライチェーン法が２０２１年６月に成立し、２０２３年1月より適用されます。さらに、２０２３年1月には日本と米国の間でタイ通商代表と企業の生産活動や原材料を調達する過程における強制労働などの排除に向けた日米協力に関する覚え書きを交わし、日米で連携して人権尊重の取り組みを進めるため、日本からは経済産業省と外務省が、米国からは通商代表部や商務省などが参加したタスクフォースを新たに設けることとなっています。

〔11〕２０２２年12月27日、公正取引委員会が独占禁止法上の「優越的地位の濫用」に関する緊急調査の結果を発表し、燃料費や人件費、原材料費といったコスト上昇分を取引価格に転嫁する必要性を下請企業などとの交渉で明示的に協議することなく、取引価格を据え置いたことを確認したとして企業名を公表しました。これら事業者が下請企業に対して運賃を上昇させられていない背景には、これら事業者も取引企業に対して輸送コストの上昇を転嫁できていないことがあると推測されます。

〔12〕この内容と次に示すスポーツシューズの例は２０２２年３月に開催された日本海運経済学会関東部会

における高橋伸服氏の発表資料に基づいています。

[13] ちなみに、ロシア船社のFESCOは現在でも日本に寄港する定期航路を運航しています。これを利用すればロシアとのコンテナ輸送は可能です。

[14] コンテナ船の運航費は、固定費用と見ることのできる「船費」と変動費用と見ることのできる「運航費」に大別されます。前者には船員の給料や船舶保険などの船舶管理費、船舶の減価償却費や賃貸料（用船料）などの資本費が含まれています。運航費にはコンテナターミナルの利用料や荷役費からなる貨物費、港湾使用料や入港料などの港費やコンテナの保有、リースや修繕にかかるコンテナ経費が入っています。運河通航料も運航費に入ります。

[15] ニューヨーク／ニュージャージー港へ船で向かう場合、パナマ運河経由とスエズ運河経由の距離が等しくなるのは香港や深圳です。中国本土や日本からはパナマ運河経由が近くなるものの、東南アジアから西ではスエズ運河経由が有利になります。

[16] 後藤洋政（2020）「2019年欧州航路コンテナ荷動き動向」Daily Cargo

[17] さらに、2019年には中国でアフリカ豚コレラの感染拡大が起こったために豚肉生産が急激に落ち込み、欧州産食肉の輸入が増加しました。

[18] 貨物1トンを1マイル輸送するのに排出される温室効果ガスの量は20000TEU型の大型コンテナ船では8グラムであるのに対し、15トン超トラックでは185グラム、貨物航空機では2265グラムになります（平田・松田・渡部〈2022〉『新国際物流論』）。

[19] コンテナ輸送を含む国際海上輸送では、複数国や地域が輸送に関わります。そのため、ある船からの

温室効果ガスの排出を国ごとに割り当てることは困難です。たとえば、アジアと米国を結ぶ北米航路に就航するコンテナ船が排出した温室効果ガスの量を日本や中国、米国にどれだけ割り当てるのかを明確に決めることは難しいでしょう。そのため、国際海上輸送に関連する排出削減対策は、国連の専門機関であり、ロンドンに本部のある国際海事機関（ＩＭＯ）で検討が進められる仕組みになっています。これは国際航空でも同じ仕組みが採用されており、航空に関する国連専門機関の一つであるＩＣＡＯ（国際民間航空機関）という団体で検討されています。

［20］ＤやＥなどの低い格付けがつくと翌年以降対応が求められるようになるため、ＣＩＩへの対策が本格的に必要になるのは２０２４年以降になります。

［21］ＧＨＧプロトコル・イニシアチブは、米国に本部を置いていた世界資源研究所とジュネーブに本部を置く「持続可能な開発のための世界経済人会議」を中心に、世界の各企業、ＮＧＯや政府機関などが集まって１９９８年から開始されました。

［22］金融庁ウェブサイト「『企業内容等の開示に関する内閣府令』等の改正案の公表について」（２０２３年1月7日最終閲覧）https://www.fsa.go.jp/news/r4/sonota/20221107/20221107.html

［23］ＣＤＰ（２０２２）「有価証券報告書におけるサステナビリティ開示の法定化を受けて『企業内容等の開示に関する内閣府令』等の改正案について」https://cdn.cdp.net/cdp-production/comfy/cms/files/files/000/006/998/original/JPNPR_Sustainability_Reporting_FSA.pdf（２０２３年1月7日最終閲覧）

［24］ライオングループウェブサイト（２０２３年1月7日最終閲覧）https://www.lion.co.jp/ja/sustainability/env/climate/activity02.php

〔25〕サントリーグループウェブサイト（2023年1月7日最終閲覧）https://www.suntory.co.jp/company/csr/activity/environment/reduce/warming/valuechain/

〔26〕『日本海事新聞』2022年11月10日号

〔27〕マースクを傘下に持つ持ち株会社です。

〔28〕『日本海事新聞』2022年11月10日号、『海事プレス』2022年11月10日号など。

〔29〕潮の流れや気象の予測情報を利用した運航経路の改善なども行われます。風向きや潮の流れをうまく利用することで船の燃費効率を改善できます。また、沖合での待ち時間を減らすことができるようになると、船舶のスピードを上げずに所要日数を維持できます。

〔30〕市況が悪くなったり、燃料費が上昇すると、速度を落とすことでコストを下げられるためです。

〔31〕『日本海事新聞』2012年4月20日号

## 第6章

〔1〕運賃での競争が激しかったのはかつての海運同盟時代からで、同盟に所属している海運会社の間でも抜け駆けをして割引を行う事例が頻発していました。抜け駆けを監視するための「ニュートラルボディ」という機関が海運同盟によって設けられて、海運会社への捜査が行われていました。

〔2〕興亜海運は2019年にコンテナ船事業を分離して、長錦商船に売却しました。その後残った部門は経営が悪化し、ケミカル部門も2021年に長錦商船に売却しています。

［3］一方で2022年6月に韓国の公正取引委員会が日韓航路を運航するコンテナ船社15社に対して総額800億ウォン（約84億円）の課徴金を課すと発表しており、政府の対応は一貫していません。
［4］この節の内容は松田琢磨（2020）「PORT2030と輸出貨物の重要性」、『「みなと」のインフラ学―PORT2030の実現に向けた処方箋―』（山縣宣彦・加藤一誠編、成山堂書店）所収の内容を参考にしています。
［5］柴崎隆一、松田琢磨、川崎智也（2022）「海運DXの推進における産官学連携のあり方―2021年度日本海運経済学会全国大会における統一論題の議論を踏まえて―」海事交通研究、107-118ページ
［6］和田祐次郎、柴崎隆一、小坂浩之、渡部大輔、伊東弘人、坪田建明、荒谷太郎、泉山卓、岩佐竜至（2021）「AIS等の船舶動静データの利用に関する研究レビューと今後の展望―物流・海運・造船・環境・クルーズ分野を中心にして―」日本船舶海洋工学会論文集、34巻、123-138ページ
［7］以前から研究会や委員会、はたまた飲み会などで、企業や官庁で意思決定権を持つ（または持っていた）層から同種の発言を聞いたことが何度もあります。
［8］これは航空貨物でも同じことが言えます。
［9］もちろん、日本荷主の要望に応じて輸送に尽力した会社もあります。

松田琢磨（まつだ　たくま）
拓殖大学商学部教授。筑波大学第三学群社会工学類卒業、東京工業大学大学院理工学研究科博士後期課程単位取得退学。博士（学術）（東京工業大学）。（公財）日本海事センター主任研究員を経て、2020年4月より現職。専門分野は海運経済学、物流（国際・国内）。コンテナ輸送、市場と業界の動向、国内雑貨輸送に関して調査・研究を進めている。共著書として『新国際物流論 基礎からDXまで』（平田燕奈・渡部大輔との共著、晃洋書房）『日の丸コンテナ会社ONEはなぜ成功したのか？』（幡野武彦との共著、日経BP）がある。

コンテナから読《よ》む世界《せかい》経済《けいざい》
経済《けいざい》の血液《けつえき》はこの「箱《はこ》」が運《はこ》んでいる！

2023年３月29日　初版発行

著者／松田琢磨《まつだたくま》

発行者／山下直久

発行／株式会社KADOKAWA
〒102-8177　東京都千代田区富士見2-13-3
電話　0570-002-301（ナビダイヤル）

印刷・製本／大日本印刷株式会社


ISBN 978-4-04-112497-0　C0065